EIKE
A DERROCADA DO HOMEM MAIS RICO DO BRASIL

FELIPE MORENO

EIKE
A DERROCADA DO HOMEM MAIS RICO DO BRASIL

MATRIX

© 2014 – Felipe Moreno
Direitos em língua portuguesa para o Brasil:
Matrix Editora - Tel. (11) 3868-2863
atendimento@matrixeditora.com.br
www.matrixeditora.com.br

Diretor editorial
Paulo Tadeu

Projeto gráfico
Alexandre Santiago

Capa e diagramação
Tabata Resende

Revisão
Silvia Parollo
Adriana Wrege

Imagem de Capa
Foto de Marco Antônio Teixeira / Agência O Globo

Dados Internacionais de Catalogação na Publicação (CIP)
SINDICATO NACIONAL DOS EDITORES DE LIVROS, RJ.

Moreno, Felipe
  Eike – a derrocada do homem mais rico do Brasil / Felipe Moreno. - 1. ed. - São Paulo: Matrix, 2014.

  1. Batista, Eike, 1956-. 2. Empreendedorismo - Brasil. 3. Empreendedores - Brasil. 4. Empresas - Falência. I. Título.

13-07770

CDD: 658.420981
CDU: 65.012.2

Para Maria Cristina Miranda Fahur Moreno
e Aparecida Maria da Luz, as duas mães que tive nesta vida.

Introdução

Uma piada comum no mercado acionário é que nem mesmo Bill Gates, fundador da Microsoft e um dos homens mais ricos do mundo, ganhou tanto dinheiro com o PowerPoint quanto o brasileiro Eike Batista. Um fenômeno, Eike, de 2006 a 2010, viu sua fortuna estimada saltar de US$ 1 bilhão para cerca de US$ 35 bilhões, tornando-se, no auge de seu patrimônio, o 7º homem mais rico do mundo, de acordo com a prestigiada revista norte-americana *Forbes*. Foi o maior salto do mundo: em 2008, quando da sua primeira aparição no *ranking* da revista, Eike era apenas o 142º homem mais rico do mundo – com US$ 6,6 bilhões. Esbanjando confiança no futuro, dizia que sua única dúvida era se ultrapassaria o mexicano Carlos Slim, detentor da maior fortuna no mundo, pela "esquerda" ou pela "direita", até 2015 ou 2016. Por volta de julho de 2013, porém, o sonho já havia sido mortalmente ferido: a sua fortuna já havia sido reduzida a US$ 200 milhões, de acordo com o Portal Bloomberg, ainda menos do que era no início. Contando dívidas, chegou a registrar, de acordo com o mesmo portal, patrimônio líquido negativo de mais de US$ 1 bilhão, em dezembro de 2013. Nesse mesmo período, André Esteves, um dos muitos aliados de Eike e homem forte do Banco de Investimentos BTG Pactual, sintetizou a questão da melhor maneira possível: "Não é uma história feliz, é uma história triste. Agora, é uma história na qual não houve má-fé, mas houve erros grosseiros de análise, de avaliação".

Por trás da fortuna instantânea que Eike criou, uma enorme quantidade de aberturas de capital de suas empresas na BM&FBovespa (MMX Mineração, MPX Energia, OGX Petróleo e OSX Brasil) entrou na Bolsa e no dia a dia de muitos investidores brasileiros, além de cisões de empresas já listadas, como a LLX Logística, PortX, IronX e a CCX Carvão. Empresas voltadas para riquezas naturais brasileiras e projetos necessários de infraestrutura.

Isso parecia um ótimo plano que enriqueceria muita gente, até o momento em que todo o castelo começou a ruir – as empresas saíram do PowerPoint, mas não da maneira como era esperado. A petrolífera OGX – entre as empresas do grupo, a que mais movimentava dinheiro na Bovespa –, que viu as ações chegarem a valer R$ 23,00, teve papéis negociados ao patamar de R$ 0,11[1], mais de 99% de desvalorização, o suficiente para quebrar qualquer investidor pessoa física, que se tivesse aplicado uma poupança de R$ 100 mil reais, estaria com apenas R$ 1 mil depois de toda essa movimentação – o que certamente dificultaria o sonho de viver de renda que muitos acalentam ao entrar na Bolsa de Valores. Por trás disso, uma grande história de otimismo excessivo e problemas operacionais – que eclodiram no pedido de recuperação judicial da empresa. O fracasso era evidente e até mesmo Eike admitia. "Eu sou o maior perdedor nisso tudo. Eu tentei criar riqueza para todos nós. Essa foi a razão de levantarmos todo o dinheiro, para criar riqueza e dividi-la", disse em entrevista ao *Wall Street Journal*, em setembro de 2013 – quando a situação já era praticamente irreversível.

Os investidores seduzidos pelo megaempresário não eram poucos, já que, de acordo com dados da BM&FBovespa, pelo menos 50.000 pessoas físicas chegaram a deter essas ações – número que pode ser facilmente expandido, já que ele representa a estimativa mais baixa possível, ou seja, considerando apenas os acionistas da OGX, a mais popular de todas. Compravam ações das empresas de Eike sem saber o risco que corriam, ainda maior do que o tradicionalmente arriscado mercado acionário, já que as ações dessas companhias eram negociadas antes mesmo do início de suas produções e serviços, garantindo que esse tipo de papel fosse muito mais suscetível a movimentos bruscos – chamados, no mercado, de volatilidade – que os de empresas consolidadas, como as gigantes Petrobras e Vale. Sem compreensão técnica, eles embarcavam na aventura acreditando que, como e junto com o ícone Eike, enriqueceriam em pouquíssimo tempo. Mesmo quando a crise se tornou evidente

---

[1] Cotação alcançada no dia 31 de outubro.

para muitos, vários investidores usavam conceitos de senso comum para justificar essa queda, como os tradicionais "a ação já caiu demais" ou "ele é bom demais para falir".

A mídia foi, provavelmente, uma das principais causadoras desse fenômeno entre as pessoas físicas. Eike tornou-se uma celebridade como nunca antes ninguém conseguiu na história deste país. Virou alguém notável por ganhar muito dinheiro – tanto dinheiro que a origem da sua fortuna (suas empresas) se tornou segundo plano no noticiário. Isso ocorreu ao contrário de outros empresários brasileiros bem-sucedidos, como Jorge Paulo Lemann, atual detentor do título de homem mais rico do Brasil, que não pode ser desassociado de suas principais empresas, como Ambev, Banco Garantia e Lojas Americanas. Em pouco tempo, Eike Batista era a personalidade mais buscada no Google, além de ser um dos brasileiros com maior quantidade de seguidores no *microblog* Twitter. Suas dicas de sucesso batiam recordes de audiência na televisão e sua autobiografia figurava entre as mais compradas do Brasil. Pipocavam *fakes* em redes sociais fazendo piada com a fortuna dele. Sua namorada aparecia com frequência em portais e revistas de fofoca, principalmente quando engravidou. Como resultado do fenômeno, seus filhos adolescentes ganharam fama e se tornaram celebridades.

Até meados de 2012, Eike era vendido como o símbolo do sucesso empresarial – do qual poucos duvidavam. O único homem que pareceu vocalizar isso publicamente foi o mineiro Bernardo Paz, empresário nos ramos de mineração e siderurgia, que declarou (em entrevista ao Portal iG) que "de repente, ele [Eike Batista] aparece com bilhões e bilhões, dizendo que vai ser o homem mais rico do mundo. Ele quebrou todas as empresas que teve até fazer 50 anos". Seria isso um alerta do que poderia ocorrer com Eike no futuro? Com o passar do tempo, a voz de Paz começou a reverberar na mídia e no mercado: a execução dos projetos propostos por Eike Batista começou a receber desconfiança, tanto da mídia quanto dos analistas do mercado financeiro. Entre os investidores pessoas físicas, havia aqueles que ainda mantinham fé no empresário e outros que já estavam no ceticismo – havia, inclusive, quem o chamasse de "vigarista". Era um embate que apenas o tempo veio resolver – e que ainda pode ter muitas reviravoltas.

Por muito tempo, Eike transformou parte do mercado em seu refém: deixá-lo quebrar seria muito mais custoso para alguns grandes *players* do mercado, como os bancos Itaú Unibanco, Bradesco e Santander, que possuíam grandes recursos emprestados a ele ou atrelados às suas empresas. Nem o governo passava incólume ao fenômeno Eike Batista, já que o Banco Nacional de Desenvolvimento Econômico e Social (BNDES) também tinha grande exposição, além de considerar que a quebra de Eike seria ruim para a "imagem do país" perante os investidores internacionais. Para as autoridades de Brasília, os estrangeiros haviam comprado a oportunidade de investir em um paraíso, mas receberam ativos problemáticos – algo que Guido Mantega, ministro da Fazenda, ressaltou publicamente.

Mas quem investiu nas empresas dele no auge estaria pensando em algo que parecia ser o oposto completo – ao menos não haveria retomada, não no lado de Eike. A poupança de muitos brasileiros que se iludiram foi completamente destituída e fundos de investimentos perderam grandes quantias, deixando seus cotistas na mão. Essa é a primeira razão da existência deste livro: documentar esse movimento especulativo, de forma que ele sirva de alerta para outros que tentarem embarcar nesse tipo de navio. Com a lente focada no fenômeno Eike Batista, no período de 2006 a 2013, explica-se muito da natureza dos mercados financeiros: instrumentos maravilhosos para captação de recursos por empresas promissoras, mas armadilhas para as pessoas que não os compreendem – ou que não os estudam direito. Não se pode olhar o fenômeno pelos olhos da economia real: por mais que bilhões tenham sido gastos, resultados positivos nunca foram alcançados e o que justamente movimentou as ações do Grupo EBX na Bolsa sempre foram as perspectivas, fossem elas favoráveis ou desfavoráveis para as empresas fundadas por Eike.

Sejam quais forem os resultados das empresas de Eike neste e nos próximos anos, a jornada dele não terá chegado ao fim. O desempenho das ações que ainda lhe restaram é crucial para definir o futuro de Eike Batista, sobretudo para que reconquiste as posições mais elevadas nos *rankings* de fortuna – se isso ainda for possível para ele. As dificuldades serão imensas, mas sempre causarão o interesse de parte do público nacional – que se encantou com a história de sucesso de Eike Batista outrora e acompanhou também a queda com bastante afinco. A compreensão do fenômeno Eike, portanto, é o outro motivo deste livro. Não é um livro que trata de buscar questões pessoais, falar dos filhos e da esposa do megaempresário, nem do que aconteceu no seu íntimo – e muito menos analisar com muita ênfase o seu passado antes de 2013. Não se trata de buscar teorias de que a sua riqueza seria ilegal: é uma versão contada das peripécias de um bom vendedor na Bovespa, e de como ele pode ter afetado a vida de milhares de pessoas com seu espírito aventureiro.

Como funciona o dinheiro virtual? Eike era tão rico assim? Uma fortuna atrelada a euforia e especulação

Como funciona o mercado de ações?

A primeira coisa que se precisa entender para compreender o que foi o "fenômeno Eike Batista" é como se constituía sua fortuna no auge, de uma maneira técnica – entendendo o que é o mercado de ações, que compunha o grosso da quantia que Eike possuía quando chegou a ser o 7° homem mais rico do mundo[2]. Um assalariado ganha dinheiro pelo seu trabalho, que, por sua vez, sai do bolso de consumidores ao consumir os bens ou serviços ali produzidos. Já o empresário, dono do negócio, retira sua parte do bolo de tempos em tempos – ou pode até definir um salário para si. Cada pessoa, então, supostamente, constrói seu patrimônio através de bens pessoais: como carros e apartamentos, passando às suas

---
2 Fonte: *Forbes*.

empresas e valores mobiliários. Uma ação de uma empresa listada em Bolsa é parte do seu patrimônio, e geralmente é contabilizada ao valor de mercado, ou seja, caso fosse vendida, pelo valor que alguém estivesse disposto a comprá-la.

Uma ação é uma pequena parte de uma empresa – seja um parafuso dentro de uma sonda no meio do oceano, uma cadeira em um escritório na Praia do Flamengo, ou até mesmo os direitos de exploração de uma *commodity* natural, como petróleo ou minério de ferro. Não importa o quê, uma parte daquela empresa passa a ser sua no momento da compra daquele papel – e você passa a ser sócio das diversas pessoas que também possuem ações dessa mesma companhia. Os detentores de ações, na maioria, porém, são os minoritários – que não fazem parte do "bloco de controle" da empresa, ou seja, não são parte de um grupo de acionistas que detêm a maioria dos votos no Conselho de Administração, 50% mais um. Esses são os majoritários, ou, mais simples, os donos dessas empresas. No Brasil, são raras as empresas que não possuem donos – as chamadas *corporations*, muito comuns nos Estados Unidos.

Eike Batista criou diversas empresas e vendeu partes relevantes delas na Bolsa de Valores de São Paulo por meio de abertura de capitais, angariando diversos sócios no mercado. Ele mostrou-se muito empenhado em reforçar que seria o dono delas – segurando porções significativas dessas mesmas companhias. O mercado comprou essa história e o megaempresário conseguiu fazer excelentes captações no mercado acionário, alavancando sua fortuna pessoal cada vez mais e se tornando detentor de empresas que valiam bilhões, mas, no fundo, eram apenas promessas.

Ele mostrava acreditar que seria um empresário a mudar o Brasil, levando-o para um novo patamar de desenvolvimento, gerando emprego e renda. E, claro, lucrando muito com isso, justamente o que muitos investidores querem ouvir. E foram justamente essas promessas que atraíram tanta gente no mercado de capitais, tão facilmente, ajudando a inflar o seu nome. "Não podemos ser românticos. As pessoas entram no mercado em busca de dinheiro fácil. Existe no imaginário popular a imagem do operador de Bolsa, que produz ganhos sem muito trabalho e de forma rápida", afirma Leandro Ruschel, sócio-fundador da Escola de Investimentos Leandro & Stormer, uma das mais renomadas do Brasil, com mais de 10 anos de existência.

Eike, de 2006 até 2010, tempo em que concentrou as suas quatro aberturas de capital na Bovespa, procurou sócios para diversos de seus negócios: havia uma mineradora (MMX), uma petrolífera (OGX), uma empresa de energia termelétrica (MPX) e uma de construção naval voltada para a indústria do petróleo (OSX). Suas companhias também possuíam outros ativos, principalmente na área de logística, que deram origem a outras empresas, que também passaram a fazer parte da Bolsa, mas sem passar pelo rito de "abertura de capital". Em poucos anos, Eike já tinha seis empresas de capital aberto e seu patrimônio contabilizava sua posição acionária em cada uma delas.

As aberturas de capital

Nas aberturas de capital, chamadas de IPO (oferta pública inicial, na sigla em inglês), geralmente uma empresa "vende" o seu modelo de negócios e um projeto de expansão ao mercado. Os participantes do investimento tendem a olhar as informações divulgadas pelas empresas, nos prospectos lançados no início da oferta, e decidem se vão investir ou não naquela empresa, por acreditar que ela vai apresentar resultados melhores no futuro. Números passados, como está o setor em que ela se encontra, planos de expansão, tudo precisa ser abordado nesses documentos, que concentram todas as informações que um investidor precisa saber para balizar essa decisão.

Na Bovespa, são raras as empresas que partem praticamente do zero, como foi o caso das empresas de Eike Batista. Elas recebem o nome de *start-ups* e possuem resultados passados e perspectivas muito mais difíceis de serem analisados – são empresas que, geralmente, ainda estão criando suas culturas corporativas e montando equipes. Geralmente as *start-ups* abrem o capital com o estigma de serem mais arriscadas – e, de fato, o são. O mercado avalia, em linhas gerais, a pujança do setor em que a empresa está inserida e a viabilidade do projeto, tanto em termos de mercado quanto em termos financeiros; e a capacidade de que ele seja bem executado. A abertura de capital dessas empresas, portanto, passa a ser impulsionada muito mais pelos humores do mercado do que pela gestão das companhias em si, uma vez que não têm resultados anteriores para mostrar. E é justamente nesse contexto que surge o fenômeno Eike Batista – que mostrou bons projetos no momento certo e que, pelo seu passado de relativo sucesso, conseguiu ser ouvido pelo mercado.

Uma fortuna construída na euforia

O ano é 2005. As *commodities* estão fortes ao redor do mundo e os preços de minério de ferro, petróleo e outras riquezas que vêm da terra estão em suas máximas históricas. O Brasil cresce acima da média mundial por um período prolongado, algo que mal se via desde o milagre econômico da década de 1970. Depois de uma breve desconfiança (sobretudo nas eleições de 2002 e no primeiro ano de governo petista), o mercado compreendeu que Lula e o Partido dos Trabalhadores não iriam levar o país à revolução comunista. Inclusive, gostava das posições tomadas pelo ministro da Fazenda, Antonio Palocci, como a decisão de elevar o *superávit* primário para honrar a dívida nacional. Os pobres tinham cada vez mais o que comer, o desemprego abaixava cada vez mais e as dívidas externas brasileiras eram pagas religiosamente, inclusive quitando o que havia de empréstimo por parte do Fundo Monetário Internacional (FMI). A confiança era alta e o Brasil se tornava um dos destinos preferenciais do capital internacional pela primeira vez na história. O "grau de investimento internacional", quando as três principais agências que classificam o risco de crédito soberano acreditam que o país é uma boa opção de investimento, era uma questão de tempo – bastava que elas percebessem o crescimento nacional e a responsabilidade fiscal nacional. Econômica e socialmente, o Brasil era um país que começava a dar certo.

A grande mina de dinheiro brasileira era a mineradora Vale do Rio Doce, que em 2004 havia lucrado a exorbitante quantia de R$ 6,46 bilhões[3], munindo um gigante que acordava e demandava minério de ferro para o seu desenvolvimento econômico: a China. Nesse cenário, um bilionário, empresário do setor de mineração, anunciava um plano ambicioso para criar uma miniVale e crescer à sombra da ex-estatal.

Esse homem era Eike Batista, que na época era conhecido por ter um excelente *know-how* no setor de mineração, por deter nove minas de ouro ao redor do mundo[4] e comandar uma mineradora canadense, a TVX, por cerca de 18 anos[5]. Além disso, era filho de um antigo presidente da própria Vale – e um dos principais homens na internacionalização dela, Eliezer Batista, que também havia sido ministro de Minas e Energia no começo da década de 1960 e secretário de Assuntos Estratégicos no governo de Fernando Collor. Alguns diziam que ele tinha recebido um mapa do tesouro de seu pai – o que sempre foi negado pelo pai e pelo filho. Eike era, sem dúvida, um ícone da aventura. "Ele foi uma promessa do super-herói capitalista, um Midas moderno, capaz de vencer todos os obstáculos e transformar mares, minas, estradas e portos em ouro puro. Pois teria o toque mágico, a inteligência superior, a capacidade de estar acima dos outros", afirma Paulo Sternick, psicanalista há 38 anos e que lida, diariamente, com questões do mercado de capitais – uma de suas especializações.

Depois de estruturar sua companhia de acordo com a sua filosofia – a Visão 360° – e munido de licenças e concessões, Eike provia a abertura de capital da primeira de muitas empresas na Bolsa de Valores brasileira, a MMX Mineração e Metálicos, que arrecadou a quantia de R$ 1,118 bilhão em 2006[6]. A euforia dos estrangeiros era grande: de toda essa fortuna, 80% veio do exterior. Eram pessoas ávidas por investir no país latino-americano que

---

[3] Fonte: Resultado da Vale - 2004.
[4] Fonte: Biografia de Eike Batista.
[5] Eike se tornou o controlador em 1983 e permaneceu no comando até 2001, quando vendeu por cerca de US$ 875 milhões.
[6] Fonte: Comunicado de término de oferta pública.

encantava a todos. Sua companhia já tinha uma mina ativa, a Mina Corumbá – localizada no Estado do Mato Grosso do Sul, que havia iniciado suas operações em dezembro do ano anterior. Outros dois sistemas, que contavam já com a logística de escoamento da produção, Minas-Rio e Amapá, estavam previstos para sair do papel nos próximos anos. Diante de todo esse cenário, a percepção era de que não havia como dar errado. "Eu vou levar você aonde ninguém mais vai", prometia Eike Batista em um vídeo de apresentação da empresa para investidores, produzido nessa época – ressaltando ainda mais o movimento de otimismo que existia com o projeto.

A euforia era grande, a ponto de, em 2007, a MPX Energia – que já existia desde 2001, mas era efetivamente uma empresa "vazia", sem ativos – também estrear na Bovespa, com excelente captação. Assim como a MMX, a sua abertura de capital foi apenas para investidores qualificados – ou seja, aqueles com mais de R$ 300 mil para investir – e, dessa vez, a empresa arrecadou R$ 2,035 bilhões[7], quase o dobro da primeira companhia a abrir o capital, com 71,43% de todo esse capital vindo do exterior. A missão da MPX era bastante diferente da primeira: gerar energia, principalmente por meio de termelétricas, desenvolvendo nove projetos simultaneamente para fortalecer a deficiente infraestrutura brasileira – que já havia passado por um racionamento no início da década.

O prospecto da MPX já mostrava que Eike tinha planos de interligar todas as empresas, prometendo uma UTE (usina termelétrica) no Porto do Açu, que seria construída e operada por sua empresa de logística, a LLX Logística, que, nessa época, ainda fazia parte da MMX. Com o forte crescimento econômico brasileiro e a lembrança do "apagão", o setor de energia térmica parecia uma excelente ideia – energia barata e confiável, produzida com carvão (que ele extrairia na Colômbia, onde já possuía diversas concessões) e gás natural[8]. O gás natural seria extraído por uma empresa dele mesmo, a sua petrolífera, que ele já desenhava, a OGX Petróleo & Gás. A intenção de juntar todas elas parecia ótima e o otimismo

---

7 Fonte: Comunicado de término de oferta pública.
8 Fonte: Prospecto de oferta pública.

era gigantesco: naquele ano, o Banco de Investimentos Merrill Lynch, que iria quebrar durante a crise financeira dos Estados Unidos, previa que a companhia de energia de Eike se tornaria uma das maiores geradoras do Brasil em pouco tempo e que as ações poderiam avançar 46% até o fim de 2008 – o que equivaleria a ganhos de 5 anos de poupança em menos de um ano e meio!

A petrolífera OGX era a próxima que abriria o capital. Em abril de 2008, a maior de todas as captações de Eike na Bolsa se realizou, levantando R$ 6,71 bilhões[9] – o maior IPO da Bolsa brasileira até então, com 63,46% de toda essa quantia vinda de estrangeiros. Dono de uma miniVale, Eike agora podia dizer-se dono de uma miniPetrobras. Com uma diferença: enquanto a Petrobras produzia 2,5 milhões de barris de petróleo por dia, a OGX, até então, não tinha tirado uma única gota do ouro negro da terra ou do mar. Era um projeto, uma mera apresentação de PowerPoint e um sonho na cabeça do seu controlador. Era um sonho agressivo, já que a expectativa era produzir 1,05 bilhão de barris de petróleo em 2019[10], cerca de 2,89 milhões de barris por dia, sem contar a produção de gás natural (que também não seria desprezível). A expectativa era de que a companhia iria demorar 11 anos para conseguir superar a produção da Petrobras, então com 55 anos de história. E isso só contando os projetos presentes no prospecto – muitos outros viriam, já que a companhia certamente arremataria mais concessões nas rodadas de licitação da Agência Nacional do Petróleo, Gás Natural e Biocombustíveis (ANP), extraindo ainda mais riquezas.

A história poderia ficar ainda melhor, já que nenhum poço que a OGX exploraria era da região do pré-sal – ou seja, eram poços de tecnologia simples e custo de extração baixo. No início das operações havia certo ceticismo do mercado, com os principais bancos e corretoras mostrando dúvidas sobre as operações da companhia e os enormes riscos que envolvem montar uma petrolífera. Mas havia sempre um otimismo velado por parte de vários investidores: uma petrolífera novata, em um país que prometia se tornar uma

---
9 Fonte: Comunicado de término de oferta pública.
10 Fonte: Projeções da companhia presentes no prospecto de oferta pública.

nova Arábia Saudita, era algo que provavelmente não daria errado. E diversos investidores embarcaram junto nos anos seguintes: a companhia chegou a ter mais de 50 mil detentores de ações[11].

A euforia que se criou ao redor do megaempresário – junto com o momento em que ocorreu a grande maioria das aberturas de capital – permitiu que Eike conseguisse abrir o capital de suas empresas com excelentes captações na Bovespa antes da crise de 2008, superando os R$ 10 bilhões. Além disso, Eike obteria facilmente o apoio de outros investidores se tentasse – e, por muito tempo, conseguiu – emitir títulos de dívida para suas empresas sempre que precisava de financiamento – captando mais dinheiro para tocar seus projetos, embora endividando as companhias. Através dessa euforia, o mercado sinalizava, nesse período, confiança total de que Eike Batista iria tirar seus projetos do papel.

Seu nome e o seu passado na TVX (que teve uma história de sucesso, mas com ressalvas) permitiram que Eike tivesse uma excelente entrada no mercado acionário, algo que ele mesmo compreendeu em sua biografia. "Havia um crédito muito farto à minha espera e eu não me refiro a recursos financeiros, mas a uma boa vontade e uma disposição para ouvir o que eu tinha a apresentar", afirmou, em livro que foi lançado em dezembro de 2011, quando Eike ainda era tratado como um empreendedor infalível. Vendedor nato (havia trabalhado como vendedor de apólices de seguros), Eike conseguiu capitalizar em cima desse talento: foi, talvez, o melhor "vendedor de sonhos" que a Bolsa nacional já teve, tanto para os próprios brasileiros quanto para os estrangeiros. Ele nunca gostou da pecha de "vendedor de sonhos": "Meus sócios não são loucos, não rasgam dinheiro com sonhos", disse, publicamente, quando vivia, então, o topo de sua longa carreira empresarial, que já tinha mais de 30 anos de história.

Mesmo com toda a euforia gerada pelo projeto, houve uma forte queda das ações nos meses posteriores à abertura de capital da OGX, o que levou as ações da empresa a recuarem dos R$ 1.380,00

---

11 Fonte: Bovespa.

para R$ 250,00 cada – pouco mais de 80% de queda. Depois de uma leve recuperação nos últimos dois meses daquele ano, a ação da petrolífera terminou 2008 com queda acumulada de 60,89%. Era a primeira queda extraordinária de alguma ação de Eike Batista, algo que anos depois se tornaria comum.

Nesse momento, era o ambiente econômico que ditava a queda: a Bolsa, como um todo, estava experimentando quedas. O segundo semestre de 2008 era o auge da crise do *subprime*, que havia começado a minar a confiança dos investidores no desenvolvimento da economia mundial, fazendo-os fugir das aplicações mais arriscadas, como o mercado acionário – e, sobretudo, do mercado de capitais. MPX e MMX também sofreram o mesmo destino: a primeira viu as ações caírem 86,39% em 2008, ao passo que a segunda recuou 86,22%.

A agonia de Eike na Bovespa, daquela vez, foi bastante curta – não foi refletida no *ranking* anual da *Forbes* de 2009, divulgado quando as ações do megaempresário já haviam se recuperado ou iniciado o processo de recuperação, mostrando Eike como o 61º homem mais rico do mundo. Ainda em 2008, o megaempresário colocou mais duas empresas na Bovespa: a LLX Logística e a IronX, ambas como desmembramentos da mineradora MMX. A primeira surge representando os ativos de logística que Eike havia incluído na mineradora: os superportos Sudeste e do Açu. A segunda, a IronX, seria vendida logo em seguida para a mineradora multinacional Anglo American por R$ 8,6 bilhões, dos quais R$ 5,4 bilhões[12] seriam referentes à participação de 63% que Eike tinha na companhia nessa época. Um negócio bilionário, que iria diretamente para o bolso do megaempresário – mas que ele prometia reinvestir em suas empresas. Mesmo com as principais ações em baixa, isso garantiria a Eike o posto de um dos homens mais ricos do Brasil naquela época, juntamente com Joseph Safra, do Banco Safra, e Dirce Camargo, da empreiteira Camargo Corrêa, cujas empresas já estavam estabelecidas havia décadas e não contavam com ações negociadas na Bolsa de Valores.

---
12 Fonte: Comunicado MMX.

Em 2009, os investidores, ao verem que a economia brasileira e mundial não entraria em colapso, colocaram na Bolsa de Valores o dinheiro que haviam tirado em 2008. Com isso, as ações de Eike, que haviam tido grandes perdas, foram as campeãs de rentabilidade naquele ano – a MMX deu retorno de 345%, o melhor desempenho entre as empresas do Ibovespa, o principal índice de ações da Bolsa brasileira. Era o sinal de que até aquele momento o mercado acreditava que não havia nada de errado com as empresas de Eike. Sua credibilidade estava intacta perante o mercado naquele período, uma vez que o prejuízo que suas companhias apresentavam já estava dentro dos planos. Se 2008 foi complicado para o megaempresário, isso se deve ao fato de ter sido ruim para todos os donos de ações listadas em Bolsa, que perderam o valor por conta da crise do *subprime* nos Estados Unidos.

Mas a confiança em Eike Batista ainda não havia sido restaurada com alguns outros pilares da sociedade – principalmente aqueles que questionavam o seu enriquecimento muito rápido. A Polícia Federal iniciou uma operação para determinar o enriquecimento rápido do megaempresário e a chamou de "Toque de Midas", possivelmente por não compreender a origem virtual da fortuna de Eike – ele, até aquele momento, não havia demonstrado nada de anormal, exceto uma excelente qualidade como vendedor de sonhos. Havia suspeitas de evasão fiscal, de contrabando de ouro e de irregularidades sobre licitações, todas anteriores ao período em que boa parte de sua fortuna se criou. "Esse é um erro gigantesco", avisou o próprio Eike sobre as investigações. No fim da investigação, o megaempresário não foi indiciado por nada.

O apetite por risco do mercado se recuperava da crise de 2008, o que poderia permitir novas apostas em ativos arriscados, como os do megaempresário. Com a credibilidade ainda intacta, Eike se moveu, no fim de 2009, para abrir o capital da OSX Brasil, que construiria as plataformas e navios para a OGX através de um estaleiro no Superporto do Açu, da LLX. Logo após o anúncio da oferta, chegou-se a especular que a nova empresa conseguiria captar cerca de R$ 9,9 bilhões através de sua oferta de ações na Bovespa.

Contudo, poucos meses depois, em março de 2010, a OSX Brasil captou cerca de R$ 2,45 bilhões[13], sendo que, novamente, a maior parte do volume captado veio dos investidores estrangeiros: 79,75% de toda a oferta.

Novamente, a ideia de Eike por trás da empresa convenceu o mercado: ele planejava criar a "Embraer dos Mares" – produzindo equipamento de extração de petróleo, como plataformas e navios, principalmente para a sua OGX, mas, posteriormente, poderia se estender para toda a crescente indústria de petróleo *offshore* (exploração no oceano) brasileira. A forte obrigação de conteúdo nacional para a exploração de petróleo, para Eike, garantiria um grande mercado potencial. O pré-sal deveria ser explorado e o Brasil seria uma das próximas fronteiras energéticas do mundo. Era um projeto, acreditava Eike, agressivo. Mas com grandes chances de sucesso, pois as condições ideais de mercado já estavam criadas. Ele mesmo, através da OGX, seria o grande cliente da OSX, tornando-se oferta e demanda desse grande mercado – verticalizando suas operações.

Mais duas empresas de Eike iriam entrar na Bovespa, a PortX, no segundo semestre de 2010, e a CCX Carvão, no primeiro semestre de 2012. Curiosamente, as duas foram projetadas para ter vida curta: a primeira foi incorporada pela MMX em maio de 2011 e a segunda deveria sair da Bolsa através de uma OPA (oferta pública de aquisição) em julho de 2013 – época em que a crise se tornou aguda e Eike cancelou a oferta, citando "condições de mercado desfavoráveis".

A saída da PortX da Bolsa representou apenas uma "realocação" do Superporto Sudeste entre as diversas empresas de Eike. Inicialmente, ele fazia parte da MMX, que o repassou para a LLX quando ocorreu a cisão entre as duas empresas. A própria LLX também passou por uma cisão, que deu, enfim, origem à PortX, que construiria e operaria o projeto. Eike optou por levar o Superporto do Sudeste de volta para a empresa de onde ele partiu:

---
13 Fonte: Comunicado de encerramento de oferta pública.

a MMX Mineração, através de uma incorporação. E assim o fez, a despeito de algumas reclamações de minoritários.

Já a CCX teve sua estreia na Bolsa brasileira logo antes de o megaempresário começar a viver seu recente pesadelo. O carvão era uma *commodity* (produto comum a diversas empresas, geralmente extraído da natureza ou com pouco beneficiamento) que passou por um período de preços muito atraentes, mas uma forte queda tornou a exploração das minas inviável – levando Eike a se dispor a fechar o capital da companhia. A intenção era evitar perdas ainda maiores para os acionistas. O megaempresário ofereceu trocar os papéis da CCX por ações de outras empresas do grupo – contabilizando o valor de cada papel da CCX a R$ 4,31[14] para formular a razão de troca. A desvalorização de 75%, porém, do papel da mineradora de carvão desde a sua estreia até o dia do anúncio, fez com que o preço que Eike queria pagar fosse praticamente metade do da estreia da CCX na Bolsa de Valores. Nesse momento já se percebia que a euforia com o megaempresário havia ido embora, o que fez com que a ação fosse negociada abaixo do preço de fechamento de capital – fato inusitado para papéis que vão se despedir da Bolsa. Um investidor teria a oportunidade de comprar por menos de R$ 4,00 uma ação que em breve seria trocada por uma quantidade de ações que valiam R$ 4,31 – a não ser que Eike cancelasse a OPA, que era o grande temor do mercado. Dito e feito. A OPA foi cancelada, fazendo o papel despencar logo depois.

Quem investiu nas ações sabia o que estava fazendo?

Além de ganância, confiança foi a palavra que praticamente guiou os investidores das empresas de Eike no início – já que, na época da abertura de capital, todas as suas empresas eram apenas bons projetos. O começo das empresas de Eike na Bolsa foi voltado praticamente para grandes investidores, os tidos "qualificados", que tendem a entender, mais que as pessoas físicas, o que estão fazendo – já que, em sua maioria, são gestores cuja profissão envolve

---

14 Fonte: Comunicado de realização de Oferta Pública de Aquisição.

entender a Bolsa de Valores, ao passo que a grande maioria dos pequenos investidores investe sem compreender direito o que está fazendo. Foi a confiança dessas pessoas, ao apostarem em conjunto nos projetos do megaempresário levados para a Bolsa de Valores, que permitiu que Eike se tornasse o fenômeno que se tornou.

Devido à estratégia de vender as ações apenas aos "investidores qualificados", todas as empresas de Eike viram suas ações estrearem na Bolsa valendo centenas de reais. Isso fez com que o investidor tivesse que desembolsar uma quantidade muito grande de dinheiro para comprar um lote de 100 ações dessas empresas. A OGX, a mais popular empresa de Eike Batista, por exemplo, viu cada ação ser cotada entre R$ 250,00 e R$ 1.700,00 nos dois primeiros anos, sendo necessários entre R$ 25 mil e R$ 170 mil para comprar um único lote de ações, o que era inviável para a grande maioria dos pequenos investidores. Além disso, a baixa liquidez impedia que pessoas físicas comprassem ações individuais, já que não havia praticamente ninguém negociando ações fora de um lote de 100 – e quando o faziam, vendiam por um preço acima do normal.

Todos, porém, aprovaram o desdobramento de ações algum tempo depois – que foi o que permitiu que as pessoas físicas com pouca disponibilidade de dinheiro começassem a investir nessas empresas. A OGX decidiu transformar uma única ação da empresa em 100, no dia 18 de dezembro de 2009. As ações, que no dia anterior valiam R$ 1.580,00, passaram a valer R$ 15,80 – mas cada investidor que detinha uma ação agora possuía outras 99, fazendo com que o valor total da posição de cada acionista permanecesse o mesmo. Diversas empresas realizam esse tipo de operação de tempos em tempos – ou o seu oposto, um grupamento –, geralmente para manter os preços em uma faixa tida como "atrativa" ou "funcional". A Petrobras, por exemplo, fez dois desdobramentos, em 2005 e em 2008, depois que fortes valorizações a tornaram "inacessível" para o pequeno investidor da Bolsa. Os desdobramentos serviram para atrair esse tipo de investidor novamente – e facilitar as negociações com esse papel.

Seguiram-se operações parecidas da MMX, que realizou três desses desdobramentos entre 2007 e 2008: os dois primeiros transformando cada ação em duas e o último fazendo com que um único papel se transformasse em 20. Isso equivale a dizer que cada ação original da MMX, depois dessas operações, agora eram 80. Já a MPX fez um desdobramento de uma ação para 20 em julho de 2009 e, quando já eram fortemente negociadas entre pessoas físicas, fez outra operação, de uma para três, em 2012. Por sua vez, a OSX realizou uma operação, também em 2011, fazendo com que cada ação se tornasse 25. As outras empresas, nascidas de cisões, não precisaram desse tipo de operação.

Esses desdobramentos foram importantes para que os papéis fossem mais negociados na Bovespa. Mas, principalmente, foi importante para os investidores da abertura de capital: caso estivessem desiludidos com os papéis das empresas de Eike Batista, como viriam a ficar, teriam um mercado muito maior para vender esses papéis – já que os pequenos investidores tendem a compreender menos os riscos do que os profissionais e fazer apostas muito mais baseadas em suas emoções. Isso permitiu que a maioria dos "qualificados" que investiram em Eike nas aberturas de capital pudesse vender suas ações e abandonar o barco antes da crise, de acordo com a posição dos fundos[15]. "Eu não li o prospecto antes de comprar as minhas ações da OGX, em 2010. Eu não sabia que a empresa via tanto risco assim, apostei pesado e as coisas não saíram como eu queria", diz o investidor e engenheiro Fábio Nunes, que comprou 5.000 ações da petrolífera por R$ 75 mil, pagando cerca de R$ 15,00 por cada uma, e chegou a ver seus papéis valerem somente R$ 1,5 mil. Durante esse período, Fábio chegou a comprar ainda mais ações conforme elas foram caindo – aumentando ainda mais seu prejuízo. No total, possuía 8.000 ações no início de setembro de 2013 e já tinha perdido aproximadamente R$ 100 mil com as ações da petrolífera de Eike Batista.

---

15 Disponível no site da CVM.

Um dinheiro exagerado...

Ao contrário de Nunes, que conta o dinheiro que entra e sai de sua casa, dificilmente Eike Batista checou seu saldo no banco e viu uma cifra de R$ 50 bilhões. Mesmo no auge de sua riqueza, em dinheiro líquido, aquele que alguém pode contabilizar a qualquer momento, a fortuna tangível de Eike era muito menor do que isso, estimada pelo portal de notícias Bloomberg em cerca de US$ 1,2 bilhão – ainda o suficiente para fazer dele um homem bastante rico, em qualquer padrão, mas nada que o tornasse um fenômeno de riqueza sem precedentes no Brasil. O homem de maior fortuna do Brasil assim o era por ser detentor do maior patrimônio do país, já que suas empresas valiam bilhões na Bolsa, a Bovespa, e não pela maior quantia de dinheiro disponível para ser gasto.

Dessa forma, Eike nunca realmente perdeu US$ 30 bilhões – apenas sua fortuna era cotada de forma diferente a cada dia que passava. Seu dinheiro era quase que completamente virtual, era apenas um reflexo de como o mercado avaliava suas empresas – e foi isso que passou por uma mudança brutal, causando o efeito de "empobrecimento" mencionado. O fato de sua fortuna ser 90% patrimônio imobilizado a tornava impossível de ser "sacada" de um banco – ao menos sem uma desvalorização gigantesca das empresas e posses, já que a solução seria vender parte de suas empresas ao mercado, naturalmente jogando o preço para baixo, tanto pelo fato de que haveria um excesso de ações a serem vendidas subitamente quanto por sinalizar que o preço das ações estava, possivelmente, exagerado.

Há um equilíbrio muito frágil para cada ação do mercado, já que os preços costumam oscilar conforme os participantes resolvem, individualmente, comprar ou vender esses papéis de acordo com seus próprios objetivos e perspectivas para a economia e para as empresas. Notícias boas, que geram expectativas por lucros maiores, costumam jogar os preços subitamente para cima, ao passo que notícias negativas fazem o contrário com a cotação. Os investidores, sejam as pequenas pessoas físicas ou os grandes gestores, tentam comprar ações que mais lhes aparentam a possibilidade de sucesso, muitas vezes escolhendo a empresa que melhor consegue "maquiar" os seus defeitos. Por conta disso, o economista britânico John Maynard Keynes chamou o mercado acionário de "concurso de beleza"[16], já que a Bolsa supostamente seria uma corrida para agradar estética e artificialmente os diversos investidores, o que, por sua vez, levaria à flutuação de preços.

Hoje existe uma noção de que o preço das ações das empresas do Grupo EBX estava exagerado nos momentos de euforia – por exemplo, acreditava-se que uma petrolífera, que ainda não havia extraído uma única gota de petróleo, poderia valer cerca de R$ 70 bilhões. Dois anos depois, essa mesma empresa valia "apenas" R$ 5 bilhões, mesmo contando com uma produção estável de cerca de 10 mil barris de petróleo por dia. Quando a crise ficou ainda mais pesada, chegou a valer menos de R$ 500 milhões. Os investidores ignoravam a clara possibilidade de problemas operacionais e não cumprimento de prazos, o que poderia atrapalhar todo o planejamento financeiro esperado.

Em certos momentos dos primeiros anos do fenômeno Eike, a fortuna do megaempresário estava "exageradamente" alta, com o mercado vendo uma "beleza" irreal nas companhias de Eike Batista, ajudando a transformá-las em mais belas ainda para os outros investidores, que compravam ações e ajudavam a impulsionar o preço desses ativos. Esse era um ciclo virtuoso, que se tornou vicioso quando a crise apareceu. Esse fenômeno de flutuação exagerada, como posto por Keynes, não é exclusividade das empresas do megaempresário: é uma prática comum no mercado acionário, que está longe de ser uma instituição 100% eficiente – há quem acredite que a Bolsa de Valores é um mero cassino. Mas havia fatores exclusivos a Eike que fizeram que, com ele, tudo fosse amplificado – como o mito empresarial que se criou ao redor da sua figura.

---

16 Presente em *A Teoria Geral do Emprego, do Juro e da Moeda*.

Por conta dessa movimentação, o fenômeno Eike Batista pode ser considerado, de algumas formas, como uma bolha do mercado acionário: as empresas valiam muito mais do que realmente seria o seu preço justo, graças ao otimismo generalizado a respeito do futuro delas. Essa é a opinião de Leandro Ruschel. "Sem dúvida, existem características de bolha no comportamento das ações X. Otimismo exagerado com resultados futuros, existência de recursos disponíveis para ativos de risco, uma forte irracionalidade dos investidores e dos analistas na hora de avaliar os negócios de Eike, supervalorizando as possibilidades de lucro e subvalorizando os riscos", destaca.

Nos primeiros anos do Grupo EBX na Bolsa, relatórios de grandes bancos e corretoras mostravam que o pensamento vigente era o de se posicionar o mais cedo possível, já que as empresas seriam extremamente lucrativas no futuro – fazendo a ação valer cada vez mais. "Minhas empresas são à prova de idiotas", repetia Eike durante os dias de auge – falando que mesmo se houvesse problemas e atrasos, o resultado seria tão grandioso que compensaria, com grandes margens de lucro, em algum dia. O mercado, de certa forma, comprou essa ideia, impulsionando os papéis por algum tempo. "Ele realmente teve êxito em vender essa imagem de um empreendedor imbatível e original, inclusive aos investidores estrangeiros. Apenas não conseguiu ainda entregar resultados concretos", salienta Sternick.

O psicanalista se refere aos atrasos que vieram, principalmente com os projetos de logística e energia, na LLX e na MPX, e aos problemas operacionais que ocorreram, sobretudo com a divulgação de que a produção da petrolífera OGX no campo de Tubarão Azul seria abaixo do esperado pelo mercado, no dia 25 de junho de 2012, quando a Bolsa já estava fechada. Para muitos, foi naquele dia que a euforia com Eike acabou e a crise realmente começou: a OGX perdeu 25% de valor de mercado no pregão seguinte, caindo de R$ 8,37 para R$ 6,25. Desde então, os papéis já chegaram a bater os R$ 0,19 – perdas de mais de 90%. A percepção do mercado para o grupo de Eike Batista já estava definitivamente alterada. "A grande questão, que não dispõe de visibilidade suficiente de conclusão, é se os empreendimentos que Eike Batista construiu são da ordem da realidade ou do sonho visionário, ou em que medida eles são de uma natureza e de outra", destaca Sternick.

A Bolsa é realmente um cassino?

A avaliação de muitos de que a Bolsa de Valores é um cassino é um exagero, já que há um negócio racional por trás dela que transcende o que ocorre com os jogos de azar: diversas pessoas interagem e ajudam na criação de valor para ambas as partes. Um investidor coloca dinheiro em uma empresa que ele acredita que possa prosperar e quem capta o usa para expandir os negócios. Nesse momento, investidor e dono de empresa tornam-se sócios, são duas pessoas unidas com, teoricamente, o mesmo objetivo. Nem sempre isso acontece e nem todos os investidores compram ações pensando no bem da empresa – mas, de maneira geral, o mercado de capitais ajudou no desenvolvimento de diversas empresas ao redor do mundo, fortalecendo a economia dessas nações com isso. Na avaliação de Paulo Roberto Feldmann, presidente do Conselho da Pequena Empresa da FecomércioSP e professor doutor da USP (Universidade de São Paulo), foi a existência do mercado de capitais que permitiu que os Estados Unidos, por décadas, se mantivessem como o país mais inovador do mundo, já que permitia que bons projetos de empreendedores que não eram tão ricos fossem facilmente financiáveis. "Foi assim que Bill Gates (fundador da Microsoft e homem mais rico do mundo) e vários outros empresários enriqueceram e suas empresas prosperaram", destaca, lembrando as origens humildes de gigantes da tecnologia americana, como a própria Microsoft, a Apple e o Google, as três fundadas por empresários dentro da garagem de suas casas.

Mas quem pensa que a Bolsa é um cassino simplesmente não inventou essa ideia – há um fundo de verdade por trás disso. Existe uma grande dose de "aposta" em uma Bolsa de Valores, já que os diversos participantes estão, na prática, apostando em "cavalos" diferentes – na hora que um compra uma ação com a perspectiva de que ela vá se valorizar, o outro está vendendo por achar que fará um uso melhor do dinheiro, geralmente procurando outra ação que lhe agrade mais para investir, que tenha perspectivas de valorização maiores. O giro interno do capital na Bolsa de Valores supera, em muito, os fluxos de entrada e saída de capital ou mesmo de ofertas de ações por parte das empresas. Ou seja, o "mercado secundário", em que as pessoas estão o tempo todo comprando ações umas das outras e adequando seus investimentos, é muito grande e permite que as pessoas refaçam suas apostas facilmente – o mercado seria inviável se o investidor só pudesse comprar ou vender esses papéis através de ofertas públicas de ações.

Só que esse grau de aposta vai convergindo para a realidade aos poucos. Eventualmente, todas as empresas são "julgadas" pelos resultados que apresentam: empresas que lucram muito valem mais do que as que não apresentam resultados positivos. Assim, para Eike afastar todos os especuladores que estavam apostando contra ele e atrair novamente os grandes investidores, agora desiludidos com a execução de suas empresas, bastava entregar o que havia prometido com as aberturas de capital. Seu problema, apontam os especialistas, foi a falta de credibilidade no mercado quando os problemas operacionais se tornaram públicos – "ligando" o movimento de baixa, tanto pela saída dos investidores desiludidos quanto pelos especuladores que tentavam se aproveitar do mau momento. "Esse movimento de baixa violento que tivemos não foi especulação. Iniciou com números, resultados ruins e depois, sim, muitos especularam na venda para ganhar dinheiro com a desvalorização, mas o início da ação se deu por números péssimos dessas companhias e por prazos não cumpridos", afirma Juliano Carneiro, especulador profissional e professor autônomo de análise técnica – uma tradicional forma de especular sobre o comportamento das ações no curto e no médio prazos.

Na Bovespa há os mais diversos tipos de empresas para serem escolhidos pelos investidores: existem empresas familiares ou com controle difuso, companhias novas ou antigas, representando os mais variados segmentos da economia, como serviços, telecomunicações, bancos, agronegócios e indústrias. Alguns apresentam melhor previsibilidade de resultados, outros possuem resultados sazonais ou com grandes variações por conta do ciclo econômico. Há também empresas que ainda não apresentam resultados, as pré-operacionais, como era o caso das empresas de Eike Batista. Essas companhias contam com um nível elevadíssimo de incertezas, mas também usualmente com maior potencial, já que costumam ter menor valor de mercado que as outras. Isso não era aparentemente o caso das empresas do Grupo EBX durante seu auge: a OGX chegou a ser uma das 10 empresas mais valiosas do Brasil, mesmo antes de extrair uma única gota de petróleo. O "desconto" presumido pelo fato de não ter produção não se aplicava a essa empresa e às outras comandadas por Eike.

Mesmo com essa diversidade, engana-se quem pensa que a Bovespa é uma das maiores Bolsas de Valores do mundo em termos de empresas listadas: conta com cerca de 350 empresas, o mesmo patamar de países como Mongólia e Vietnã, economias muito menores do que a brasileira. "Somos a 7ª economia do mundo e apenas a 27ª Bolsa em quantidade de companhias listadas, com um acesso à Bolsa completamente travado", avalia Rodolfo Zabisky, CEO (*chief executive officer*) do grupo @attitude, empresa de serviços de relacionamento com investidores.

A Bolsa do Brasil é pequena em quantidade de empresas, mas não no tamanho das empresas. Há gigantes listadas na Bovespa, como Petrobras, Vale, Ambev, Itaú Unibanco e Bradesco – empresas cujos valores de mercado superam os R$ 150 bilhões. Com um dos índices de ações mais seguidos no mundo, a Bolsa brasileira, o Ibovespa, é considerada uma das maiores do planeta e certamente é a mais relevante entre todos os países emergentes – mesmo contando com as duas Bolsas chinesas, de Shenzen e Xangai. Isso é amplificado pelo fato de que grande parte dos investidores internacionais aplica ou aplicava dinheiro por aqui. A quantia movimentada na Bovespa é considerada alta: cerca de R$ 6,2 bilhões por dia, na média dos últimos três anos[17]. Por incrível que pareça, o nível de automatização

---

17 Fonte: ProfitChart, Nelogica.

é baixo (parte por ser uma indústria nascente no Brasil, parte por ter serviços ruins de telecomunicações) e bate os 20% de todas as operações feitas, enquanto nos Estados Unidos ele chega a 80%[18]. Assim, os famosos "robôs" são muito menos presentes no mercado nacional do que no norte-americano, o que ajuda a explicar a brutal diferença entre o giro da Bovespa e o da NYSE (New York Stock Exchange).

Ser grande tem suas vantagens óbvias para as empresas que aqui desejam abrir o capital. Foi muito mais fácil para Eike Batista captar o que captou pelo fato de que os investidores estrangeiros já estavam de olho no Brasil – seria muito mais complicado se Eike fosse paquistanês ou nigeriano, países com populações similares, porém mercados muito menos relevantes, ainda que tivessem os mesmos projetos. Ocorre um fluxo muito maior de capital entrando e saindo do Brasil, sobretudo na década passada, quando o país esteve entre os queridinhos dos investidores internacionais. Faltam, contudo, novos bons projetos nos quais investir dinheiro.

A pouca quantidade de empresas permitiu que o fenômeno Eike ganhasse uma grande relevância em pouco tempo – as empresas de Eike eram bons projetos abrindo o capital na hora certa, mas poderiam ter sido diluídos se houvesse mais e mais empresas. Caso houvesse menos dificuldades para abrir o capital, boa parte do dinheiro investido em Eike poderia ter ido para outras empresas, sobretudo aquelas cujos projetos já tinham sido iniciados. Na opinião do movimento Brasil+Competitivo, isso torna a Bolsa brasileira "dormente". Facilitar o investimento, dizem, seria permitir que o dinheiro fosse direcionado às pequenas e médias empresas, mitigando o risco para os investidores, por conta da diversificação de opções disponíveis.

Em termos práticos, ser uma Bolsa pequena em número de empresas prejudica o espaço de manobra dos investidores com mais opções. Alguns deles provavelmente não teriam se encantado tanto com as empresas de Eike Batista – já que teriam achado outras

---
18 Fonte: Progress Software.

opções para "especular" na alta. "Um bom especulador deve achar, dentro do universo de Bolsa, ações boas, com boas perspectivas, que estejam passando por um período de desvalorização. Isso é difícil em um país com oferta pequena de empresas com capital aberto, como o mercado brasileiro, o que atrapalha esse processo", acredita Carneiro.

É difícil ser um bom investidor

É importante destacar que definir quem é um "bom investidor" é difícil. Sucesso na Bolsa de Valores depende de uma enorme série de fatores. O ambiente de Bolsa permite que se faça bastante sucesso em momentos de euforia sem ter de encontrar boas ações, quando praticamente todas as ações apresentam valorização. Assim, mesmo investindo em papéis de empresas que não mostram bons resultados ao mercado, o investidor vê suas ações se valorizarem – e confunde isso com "sucesso". Há o outro lado da moeda, momentos em que o mercado está tão sem perspectivas que são poucas ações a registrarem valorização, e aí é extremamente difícil ser um bom investidor. Esse tem sido o caso dos últimos anos. "É o mercado de *stock picking* (escolher bem as ações) mais difícil que eu já vi", disse publicamente Luis Stuhlberger, gestor do Fundo Verde, do Credit Suisse Hedging-Griffo, e tido como um dos melhores investidores brasileiros. Na literatura econômica, o influente John Maynard Keynes ajudou a tentar descrever esses ciclos[19]: os espíritos animais, que representam a confiança dos investidores na economia e ajudam a determinar a direção geral das ações na Bolsa de Valores. Se o mercado está otimista, entra o Touro, que quando ataca joga tudo para cima – e por isso há estátuas de touro na frente de inúmeras Bolsas ao redor do mundo. Se vai mal, é o Urso que domina, já que esse é um animal que dá patadas de cima para baixo.

No mercado de tendência baixista – ou mesmo quando a Bolsa não sobe nem cai –, as ações de empresas que não vêm apresentando os números esperados pelo mercado costumam sofrer bastante, já

---

19   Presente em *A Teoria Geral do Emprego, do Juro e da Moeda*.

que os investidores tendem a buscar investimentos "mais seguros", como ações de empresas com maior previsibilidade de resultado ou renda fixa. As empresas de Eike sofreram com isso em 2011, 2012 e 2013 – anos em que o otimismo com o Brasil havia diminuído e a tolerância com essas companhias ficou bastante baixa –, embora diversas empresas, que estavam entregando bons resultados, conseguissem ver subir suas ações. Sem a "força compradora" por trás, os "bons investidores" sumiram. É o caso de Fábio Nunes, que se orgulhava do desempenho nos anos anteriores – mas fracassou em um ambiente mais duro. "Eu tive muito sucesso na Bolsa entre 2005 e 2008, ganhei bastante dinheiro. A crise veio e eu aproveitei para comprar mais ações das empresas nas quais eu acreditava, tinha muitas ações da Petrobras, da Vale e de outras. Saí da crise com mais dinheiro ainda. Só comecei a perder quando resolvi apostar pesado na OGX, e acabei devolvendo boa parte do que eu tinha conquistado nesses anos, quase tudo. Eu ainda tinha um pouco de dinheiro em Petrobras e Vale, mas elas também não subiram", afirma o investidor.

O choque entre as duas realidades é um grande motivo para muitos investidores abandonarem a Bolsa de Valores. A Bovespa cresce em número de usuários em momentos de euforia no mercado e perde investidores quando a situação piora. "Eu deveria ter tido mais cuidado. Segui o conselho do Buffett de comprar na hora da crise e funcionou em 2008, mas isso não funcionou com a OGX", diz Nunes. Embora o ambiente não colaborasse – já que não havia euforia no mercado –, o que acontecia com as ações de Eike era uma crise interna, com a falta de confiança do mercado. E aí é perigoso confundir falta de confiança na economia com falta de confiança em algumas empresas. Uma crise macroeconômica é muito diferente de uma crise de uma empresa: na primeira, investidores correm para investimentos mais seguros, como renda fixa e ouro. Na segunda, investidores apenas procuram empresas melhores. "Acho que a lição com a OGX eu aprendi, mas foi por mal", completa Nunes.

Leandro Ruschel afirma que a história de Nunes não é "incomum" – ao contrário, essa é uma narrativa que se repete no mercado de ações com bastante facilidade. Mudam-se os momentos, mudam-se as empresas e os investidores – mas a velha combinação de alta forte e queda acentuada continua a mesma. "Acontece que durante as bolhas realmente é fácil ganhar e tal fato ilude os incautos por algum tempo. Quando o mercado corrige (volta a patamares realistas), a verdade vem à tona e a maioria do público sai com perdas pesadas. O ciclo existe desde sempre e não há sinais de que irá mudar", diz. São raras as quedas, porém, que tiveram a mesma magnitude do fenômeno Eike Batista – um movimento sem precedentes na Bovespa.

Eike foi mais importante do que deveria?

Nunes confessa que resolveu apostar na OGX de Eike Batista pelo fato de ver que muitas outras pessoas também tinham essa aposta. O investidor usa a internet para conversar com outros e trocar ideias sobre investimentos. Funcionou por um tempo e Nunes viu suas ações pularem de R$ 15,00 para R$ 23,00. Mas logo depois o sentimento em relação à petrolífera de Eike mudou no mercado e as ações passaram a cair. A percepção de Nunes, porém, era de que a situação não havia mudado – via a mesma quantidade de pessoas apostando na OGX no fórum que usava e acreditava no sucesso da empresa no longo prazo. Quando se deu conta, era tarde demais: a forte queda das ações da OGX já havia eliminado boa parte do valor de sua carteira de ações.

Com o número pequeno de empresas listadas na Bovespa (Canadá e Estados Unidos possuem cerca de 4.000 companhias de capital aberto cada um), a existência de "fenômenos especulativos", como foram as empresas de Eike, é até menos comum no Brasil do que no exterior. Em mercados maiores, é comum ver várias ações registrando altas ou quedas de 50% em um único dia de negociações, sobretudo se a empresa for pequena, ou, principalmente, pré-operacional. Esse movimento é mais comum, por exemplo, na Bolsa Nasdaq, que concentra boa parte das empresas de tecnologia dos Estados Unidos, muitas delas pré-operacionais. Isso não quer dizer que fatos como esse não tenham acontecido por aqui antes. Empresas como a Laep, a Agrenco e a Mundial viram suas ações perderem muito mais valor do que as empresas de Eike Batista – mas nenhuma delas, em momento algum, chegou a ser a terceira empresa mais importante do Ibovespa. A Mundial chegou a ser a ação mais negociada na Bolsa brasileira, mas apenas por alguns dias – em um evento que se chamou "bolha do alicate", que, embora tenha tido um efeito destrutivo nas finanças de muitas pessoas, não teve o impacto que a OGX teve na Bolsa.

No exterior, porém, essas empresas tendem a ser muito menos importantes para o conjunto de investidores daqueles países, ao passo que o fenômeno Eike se tornou extremamente relevante para quem investia seu dinheiro na Bovespa – empresas sem resultados como as de Eike existem em qualquer mercado de ações do mundo, mas em nenhum lugar uma empresa dessas se tornou a terceira mais importante da Bolsa, como foi o caso da OGX no Brasil, ao assumir essa posição no Ibovespa. É fácil perceber que as empresas de Eike se tornaram um fenômeno de popularidade entre as pessoas físicas: são as mais procuradas em sites especializados e nas redes sociais voltadas a juntar os diversos investidores brasileiros – principalmente com o agravamento da crise. De acordo com Aline Rebelo, coordenadora do Investmania, uma das redes sociais especializadas, a OGX se tornou a empresa mais acessada no site em meados de 2013 – ultrapassando pesos pesados como Petrobras e Vale. E essa popularidade alastrou-se para todas as outras. "Em agosto de 2013, as seis companhias do Grupo EBX ficaram no *top 10* das empresas mais vistas na nossa rede social", afirma Rebelo, mostrando que os investidores começaram a procurar entender cada vez mais o que acontecia com cada empresa do megaempresário e debater o assunto.

Grande parte do interesse a respeito das empresas de Eike Batista voltou-se para a petrolífera OGX, que chegou a ter mais de 50 mil investidores[20] entre seus acionistas. Isso representava mais de

---
20 Fonte: Bovespa.

10% de todas as pessoas que possuem contas em corretoras e estão habilitadas a operar na BM&FBovespa, um número considerado bastante expressivo. Há de se considerar, porém, que boa parte dessas 500 mil pessoas está habilitada, mas não o faz – a estimativa das corretoras sobre a quantidade de investidores ativos flutua entre 150 mil e 400 mil. Muitos desses usuários, por exemplo, compraram ações há anos e as seguram esperando valorização – desistindo de aumentar suas carteiras ou de trocar as ações que as compõem.

Por conta de algumas características das empresas, suas ações acabaram se tornando um fenômeno especulativo sem precedentes no Brasil. Por não terem suas operações já estabelecidas e contarem com pouco tempo de vida, as ações tornaram-se muito voláteis, já que havia uma enorme imprevisibilidade inerente em seus resultados. Além disso, os investidores resolveram exagerar no otimismo, fruto de projeções muito positivas das empresas, que não se realizaram, e da grande exposição midiática de Eike Batista. O risco de investir nessas empresas sempre existiu e foi explicitado nos prospectos de cada empresa, mas essa foi uma mensagem que chegou apenas a uma parte dos participantes – aqueles que, com uma vivência maior no ambiente de Bolsa, sabiam que tipo de risco havia em suas apostas. Quem foi hipnotizado pelo "mito" do "maior empreendedor brasileiro" dificilmente compreenderia esses perigos.

Não que "bolhas" não tivessem surgido anteriormente ou que não possam surgir novamente no Brasil. Em 2011, as ações da fabricante de alicates Mundial tiveram alta de mais de 5.000% em três meses e recuaram 99,99% em apenas três dias – devolvendo todos os ganhos de quem pegou o movimento no início e destruindo o dinheiro de quem investiu na ação poucos dias antes do estouro da bolha. Movimentos especulativos como esses são geralmente como ondas, arrastando muito do que está no caminho sem que se perceba. Há uma ânsia de muitos participantes em não serem os únicos que ficaram de fora. A ganância geralmente é o principal motivo para que eles invistam em empresas que não justificariam esse investimento, esquecendo o bom senso.

Muito disso se aplicou ao fenômeno Eike. O motivo apresentado por ele para que se investisse nas empresas do grupo, grandes lucros vindos da exploração do petróleo e minério de ferro a quem quisesse ser sócio, era baseado apenas em promessas futuras. Com empresas pré-operacionais, o que ele oferecia não era um lucro já existente que poderia crescer (o que a maioria das empresas de capital aberto oferece): eram sonhos especulativos de que um dia ele estaria produzindo petróleo, minério de ferro e seria dono de grandes projetos de infraestrutura. E são justamente esses sonhos que inflam uma bolha. "A grande jogada de Eike Batista não foi exatamente a de entregar petróleo, minério, serviços ou portos. Quero deixar claro que ele ainda pode fazê-lo: não estou julgando-o, mas sim as expectativas e fantasias que ele levantou. A grande jogada dele foi a de fazer com que milhares de investidores acreditassem em seus poderes mágicos. E nisso ele obteve inegável êxito", destaca Paulo Sternick, psicanalista, acostumado com o dia a dia do mercado acionário – uma de suas especialidades.

E é exatamente o que garantiu ao fenômeno Eike o "título" de especulação: se o que você vende é uma promessa de dias melhores, não algo presente, o que é negociado é apenas uma aposta. Investidores em peso acreditaram nessas promessas e apostaram que os projetos encabeçados por Eike Batista seriam de bastante sucesso. Acreditando-se investidores de longo prazo, eles se tornaram especuladores, meros apostadores no possível sucesso do megaempresário. Era algo parecido com a fé que os movia: crença de que a semente dos projetos de Eike germinaria com sucesso – investia-se pensando em um futuro glorioso, não no presente. E essa é uma boa definição do que é uma especulação.

Quanto mais especulativo é o capital, mais rápido ele foge

Um dos maiores mitos que existem no mundo é o de que a Bolsa é um investimento para o longo prazo. Para uma grande parcela das pessoas, ela não é nem investimento – na acepção pura da palavra – nem foca o longo prazo, com operações que podem durar poucos dias, horas, minutos ou até mesmo apenas alguns milissegundos, geralmente automatizadas por programas de *software*. Essas pessoas possuem um nome: são os especuladores, tidos como aqueles que "caçam dinheiro" alheio, de pessoas com menor conhecimento ou com apostas diferentes das suas. A própria natureza do Grupo EBX transformou seus investidores em puros especuladores, mas há a figura do homem de Bolsa que tenta arbitrar ganhos diante de um cenário de curto e médio prazo, muitas vezes esperando um evento particular – como foi o caso de George Soros, o mais famoso especulador do mundo, que ganhou US$ 1 bilhão em um único dia por apostar que o Banco Central do Reino Unido, cedo ou tarde, teria que desvalorizar a sua moeda, a libra esterlina. Com essa aposta ele ganhou a alcunha de "O Homem que Quebrou o Banco da Inglaterra" e a raiva de muita gente.

Embora essas pessoas não gozem de muita admiração do público em geral, que muitas vezes as considera causadoras de efeitos econômicos indesejados, principalmente no câmbio, elas são peças-chave para que as engrenagens se movimentem. "A função do especulador é dar liquidez ao mercado. Sem ele o mercado ficaria inviável e a sua função é de extrema importância para o sistema, a despeito de todo o preconceito do público com essa figura", explica Leandro Ruschel. Se o ambiente de Bolsa às vezes é suficientemente ruim com eles, seria ainda pior sem eles, já que a falta de liquidez poderia fazer com que o investidor precisasse aceitar qualquer quantia para se livrar de suas ações, principalmente se ele estivesse precisando urgentemente de dinheiro. Contudo, muitos culpam os especuladores por terem acelerado os problemas que aconteceram com o megaempresário, já que a presença de pessoas "apostando" contra as empresas do Grupo EBX derrubava as cotações – abrindo espaço para diversas "teorias conspiratórias" a respeito dos acontecimentos. "Eu acho que a Comissão de Valores Mobiliários (CVM) tem que investigar, sim", respondeu Eike à revista *IstoÉ Dinheiro*, quando perguntado se acreditava que a queda de suas ações era uma manipulação por parte dos especuladores.

A verdade é que os especuladores profissionais jogavam para os dois lados quando se tratava das empresas "X" ou de qualquer movimento do mercado: quando as perspectivas eram boas para os projetos de Eike Batista e havia confiança sobrando no mercado, ajudavam a inflar o preço das ações. Quando o sentimento mudou, correram na direção contrária. O próprio Eike reconheceu esse efeito, ao afirmar diversas vezes no Twitter que quando o mercado "percebesse que estava errado", ocorreria o "efeito manada", com os investidores correndo para retomar suas posições nas empresas do megaempresário – inflando o preço novamente. "O problema no Brasil é a cultura do imediatismo! Impossível fazer projetos com escala para amanhã!", escreveu Eike em seu *microblog* no dia 29 de maio de 2013, época em que a crise que abalava suas empresas começava a tomar contornos cada vez mais dramáticos.

Um especulador, por mais estigmatizado que seja, é um ser humano como qualquer outro: possui medos, receios, euforia e alegrias. E, nesse ponto, os especuladores, profissionais ou não, também caíram na lábia de Eike – já que ele apelava para o profundo desejo de ganhos que essas pessoas têm. "O aceno era do lucro imediato e fulminante, do homem que amava o dinheiro e sabia ganhá-lo como ninguém, com inteligência e singularidade. Estar do lado dele era estar do lado dos vencedores, dos seres superiores, transcendendo a mediocridade do senso comum e do contato com a realidade – inclusive da realidade de como se faz o dinheiro", salienta Sternick. Sem segurança, essas pessoas também optaram por tirar seu dinheiro assim que perceberam que o megaempresário não cumpriria o que prometia. E, com isso, muitos especuladores realmente optaram por "inverter a mão" – no jargão do mercado –, passando a apostar na queda das ações, o que não os classifica como manipuladores do mercado.

Como apostar na queda de uma ação?

Um dos pontos mais importantes de uma especulação é a possibilidade de apostar na queda das ações, ou até mesmo do Ibovespa, principal índice de ações no Brasil. Há um meio principal de alguém fazer isso na Bolsa brasileira: vender ações que essa pessoa não possui na alta, tomá-las alugadas de um terceiro – pagando uma taxa – e recomprar depois da queda a um preço mais baixo, entregando a ação novamente para o seu dono. É uma situação de ganha-ganha, já que uma ponta da operação ganha com a especulação do preço e outra recebe uma taxa de aluguel por ter emprestado as ações para serem vendidas, papéis esses que, muito provavelmente, são investimentos de longo prazo e cujo dono não tem a intenção de vender por enquanto. Além disso, é possível realizar essa operação sem alugar ações em um prazo curtíssimo, desde que se compre e venda as ações no mesmo pregão.

Isso é chamado de "venda a descoberto", quando alguém vende ações que não possui. Mas há um fator que a limita naturalmente: a existência de ações para serem alugadas. E quanto mais escassa é a ação no mercado, maior é sua taxa de aluguel. O que determina a escassez da ação, geralmente, é sua perspectiva e quanto mais vendida e alugada ela for. Envoltas em especulações, as ações das empresas de Eike Batista se tornaram as rainhas do aluguel. No início de setembro de 2013, era possível, por exemplo, alugar as ações da OGX por uma taxa média de 100%[21] ao ano – ou seja, o locatário das ações deveria pagar todo o valor locado delas se permanecesse um ano com esse papel alugado. Esse valor continuou subindo até 170%[22] no início de outubro – já refletindo a possibilidade de que as negociações com as ações fossem congeladas por um processo de falência da empresa. Esse efeito continuou e a taxa bateu mais de 300% nesse período. Para efeito de comparação, pelo excesso de ações no mercado, os papéis da Petrobras costumam ter sua taxa de aluguel abaixo de 1% ao ano – o mercado tende a acreditar que taxas de 25% a.a. para ativos do Ibovespa, como eram OGX, LLX e MMX, são altíssimas.

A questão do aluguel ajuda a ter noção de quanto as ações da OGX sumiram por causa de tanta especulação sobre futuras

---

21 Fonte: Site dadosdabolsa.com
22 Fonte: Site dadosdabolsa.com

quedas. Apostar na queda das ações de Eike era, sobretudo, uma forma que o mercado encontrou para mostrar desconfiança sobre o futuro daqueles projetos e sua capacidade de "reinventá-los", como prometeu em carta aberta ao mercado em meados de 2013. Quando esse tipo de especulação se tornou maciça, os investidores mostraram que a euforia e a confiança haviam acabado. O dinheiro a ser ganho não era com apostas de alta, era com apostas de queda – e, de fato, houve quem acumulasse bastante dinheiro realizando esse tipo de operação. "Cheguei a operar a ação na ponta vendedora várias vezes, sempre deu oportunidades. Em algumas operações cheguei a ganhar 10% ou mais. Mas quando o aluguel ficou alto demais, ficou impraticável. Tinha sempre medo de que faltasse papel para alugar", destaca o investidor Paulo Oliveira, formado em Direito – que abandonou a advocacia para se dedicar à Bolsa de Valores.

O mercado passa por fases: Eike se aproveitou de uma...

Se houve bastante euforia com os projetos de Eike, a ponto de viabilizá-los, é importante lembrar que a maioria das empresas dele foi a mercado antes de 2008, ano de uma das piores crises econômicas vividas pelo mundo. O bilionário soube como ninguém aproveitar um momento em que o apetite dos investidores por risco era enorme, fazendo com que houvesse muita gente disposta a colocar dinheiro em novos projetos e havia uma fartura de aberturas de capitais na Bovespa: em 2007 foram 64 aberturas de capital. Alguns anos depois da quebra do Lehman Brothers, no entanto, o mercado era outro – em 2012, ano com o menor número de listagens, apenas três companhias abriram o capital, sendo que duas delas tiveram ofertas muito pequenas e a última era o BTG Pactual, uma empresa já muito grande e muito inserida na lógica do mercado de capitais. A mudança entre os dois períodos mostrava que o dinheiro já não vinha tão fácil assim e que, possivelmente, Eike não teria tido uma captação tão boa se tivesse optado por abrir o capital de suas empresas poucos anos depois. O mercado já não permitia esse tipo de aposta arriscada e poucas pessoas estavam dispostas a embarcar nesse tipo de situação. Houve quem falasse que a tolerância do mercado para projetos pré-operacionais havia acabado por conta de Eike. Provavelmente eles estão errados. É o cenário que dita o humor da Bolsa para captações como essa ou não, embora seja muito difícil que o mercado venha a depositar tanta confiança e importância em um projeto pré-operacional, como fez com as empresas de Eike Batista. Uma das frases mais famosas sobre o mercado acionário, atribuída a Warren Buffett, é de que os investidores devem ser gananciosos quando todos estão temerosos e temerosos quando todos estão gananciosos. Há um ciclo que se repete desde o começo das negociações em Bolsa, séculos atrás. Na literatura econômica, o renomado economista John Maynard Keynes chamou isso de "espíritos animais". O ano 2007 e o começo de 2008 talvez tenham marcado o auge dos espíritos animais da ganância (geralmente personificado por um urso) na Bolsa brasileira: o Ibovespa tinha tido uma sequência de ganhos fenomenal desde 2003, pulando dos 11.000 pontos até alcançar uma região próxima dos 75.000 pontos. Qualquer empresa que abrisse o capital atrairia muito interesse dos investidores locais e, sobretudo, dos estrangeiros. A Bolsa de Nova York também não ia mal, acumulando ganhos praticamente sequenciais, mas muito menores que os da Bolsa brasileira: a alta do Ibovespa de 2003 até a pontuação máxima de 2008 foi de 556%[23], enquanto nos Estados Unidos a alta do Dow Jones, um dos principais índices daquele país, foi de apenas 70%[24] nesses mesmos cinco anos, com a máxima sendo alcançada um ano antes, quando os primeiros efeitos da crise começaram a ser percebidos por lá. Com o Brasil inspirando cada vez mais confiança em sua economia – a ponto de a prestigiada revista *The Economist* colocar o Brasil na capa, afirmando que o país havia, enfim, decolado –, investidores de outros países compravam a ideia rapidamente e investiam seu dinheiro por aqui.

---

23 Fonte: ProfitChartRT/Nelogica.
24 Fonte: ProfitChart RT/Nelogica.

A crise mundial pegou muitos investidores no contrapé, sobretudo os estrangeiros. O pânico se alastrou rapidamente, chegando a fazer o Ibovespa cair cerca de 60% – destruindo boa parte do dinheiro aplicado. Empresas como as de Eike sofreram ainda mais em razão da forte insegurança que carregavam. Embora os efeitos fossem sentidos já em 2007, quando as Bolsas norte-americanas perderam força, o Brasil manteve-se "anestesiado" por mais alguns meses, o que foi crucial para que Eike conseguisse abrir o capital da sua principal empresa, a OGX. Terminada a euforia com a Bolsa, ficou inviável colocar enormes somas de capitais nas mãos de projetos novos. Entre 2009 e 2013, as maiores captações no mercado de ações vieram de empresas já listadas ou companhias já gigantes que abriram o capital, como o já citado Banco de Investimentos BTG Pactual, uma empresa já estabelecida, com boa reputação e com fortes receitas, que levantou R$ 3,6 bilhões no mercado em 2012[25], praticamente a metade do que a OGX levantou em 2008, R$ 6,7 bilhões, que, na época, era apenas um projeto. Sem o espírito animal benevolente, o mercado de capitais estava praticamente fechado para Eike e para qualquer outro – mas na hora certa para ele, já tendo levantado o capital necessário para dar um bom começo para suas empresas.

...mas caiu em outra

Com a euforia "dissipada", os investidores começaram a fugir dos investimentos tidos como mais arriscados, optando por colocar seu dinheiro apenas em bons projetos, ou em investimentos mais seguros, como renda fixa soberana ou ouro. Isso impacta em outra ponta, ao fazer com que os custos de capitais fiquem mais caros para as companhias com menor previsibilidade de resultados futuros. Em outras palavras, captar dinheiro em qualquer mercado de dívida e crédito ficou cada vez mais difícil para as empresas de Eike, que eram uma incógnita. Abrir o capital é apenas um passo na captação de dinheiro no mercado: as companhias também recorrem ao mercado de dívida – com *bonds* e debêntures –, créditos com bancos de

---

25 Anúncio de encerramento de oferta.

investimentos, de desenvolvimento e comerciais. Apenas a minoria das empresas sobrevive e investe somente com recursos próprios, gerados através de suas próprias atividades. E certamente esse não é e nunca foi o caso das empresas de Eike, que permaneceram em estágio pré-operacional por longos períodos pós-abertura de capital ou que ainda precisavam de bastante tempo para conseguir produzir – sem geração alguma de caixa próprio ou significativo. Embora a abertura de capital tenha captado uma boa quantia, qualquer mudança no plano original, fosse ela espontânea ou externa, implicava um custo que precisava de financiamento. Os atrasos em obras ou os problemas operacionais, por exemplo, fizeram com que as companhias precisassem se endividar – ou buscar sócios estratégicos, capazes de injetar mais capital para a empresa continuar suas atividades.

Para uma companhia já estabelecida no mercado de capitais, listada em Bolsa, por exemplo, arranjar dívida é relativamente fácil, basta fazer uma oferta pública de títulos de dívida e acordar uma taxa de juros atrativa para os investidores. A maior parte da dívida das empresas de Eike Batista veio desse mercado – e não de quaisquer que fossem os tipos de bancos que quisessem emprestar dinheiro para ele. Companhias especializadas no mercado de dívida tendem a analisar o perfil financeiro das empresas e emitir nota sobre o pagamento das possíveis dívidas – os chamados *ratings*. Essas organizações são chamadas de agências de classificação de risco, sendo que as três maiores praticamente monopolizam esse mercado: Standard & Poor's, Moody's e Fitch. E todas as três passaram a dar notas baixíssimas para as empresas de Eike Batista, por considerar que elas não possuem o perfil adequado para o pagamento de dívidas – sendo que algumas orbitaram em uma situação de pré-calote e a OGX chegou a deixar de pagar os juros de suas dívidas. Assim, ao ter uma nota muito ruim, uma empresa precisa elevar a taxa de juros para "compensar o risco" do empréstimo, atraindo investidores. Algumas companhias de Eike, como a OSX, tentaram financiamento via mercado de dívida e não conseguiram encontrar condições atrativas, ou seja, precisavam pagar juros altos demais para conseguir atrair alguns investidores, e acabaram desistindo da captação por acreditar que esta não era viável. Se a euforia com Eike e a economia brasileira ainda estivessem presentes no mercado, muito provavelmente teria sido mais fácil encontrar quem estivesse disposto a emprestar para que o megaempresário tivesse mais tempo para tocar seus projetos – mas, com as enormes dúvidas a respeito da capacidade de execução do megaempresário, novas portas se fecharam para Eike.

Novos sócios estratégicos

Ele, porém, sempre manteve as portas abertas para sócios estratégicos. Comunicados de suas empresas, enviados ao mercado, muitas vezes afirmavam que "a companhia está sempre buscando maximizar valor para seus acionistas e constantemente estuda possibilidades de novos negócios e arranjos societários" – sobretudo quando se tratava de rumores sobre entrada de outros sócios. E sócios estratégicos o megaempresário teve muitos ao longo de sua jornada, como o fundo soberano de Abu Dhabi, o Mubadala, e a gigante industrial norte-americana General Electric. Sócios estratégicos são mais baratos de se manter do que dívida, já que não há nenhum peso sobre os balanços, não existem juros a serem pagos. Esse tipo de parceria, muitas vezes, tende a suprir deficiências que as companhias podem vir a ter, como a sociedade com o grupo alemão E.On para fortalecer a MPX. Experiente no *business*, a E.On teria muito *know-how* e tecnologia a transferir para a companhia de energia elétrica do Grupo EBX – embora, no final, a tenha levado para si.

Há de se ver os termos em que cada parceria foi formada. A aliança da *holding* EBX com a General Electric, por exemplo, foi feita em termos muito mais favoráveis do que a parceria entre a E.On e a MPX. Em maio de 2012, a empresa norte-americana investiu US$ 300 milhões em uma fatia minoritária do Grupo EBX – cerca de 0,8% da Centennial Asset Brazilian Equity e em outras *holdings* em que o megaempresário concentrava as ações do grupo. Isso ocorreu antes que o mercado ficasse extremamente desconfiado de Eike, na segunda metade de junho daquele ano, quando a OGX mostrou uma produção muito menor do que a esperada. A GE, portanto, não tinha poder nenhum sobre as decisões que iriam ser tomadas e possuía uma participação minoritária em cada empresa do império; 0,8% do grupo significava ter cerca de 0,5% de cada empresa listada em Bolsa, já que a participação do grupo em cada empresa era de cerca de 50% a 75%.

Enquanto isso, menos de um ano depois, os alemães compraram 24% da MPX – que já era tida como um dos melhores ativos de Eike – por R$ 1,41 bilhão em março de 2013, passando a ter, na época, 36% da companhia. A E.On também teve que prometer participar de um aumento de capital da MPX, primeiro estimado em R$ 1,2 bilhão, através de uma nova emissão de ações, o que lhe daria uma participação ainda maior na empresa. Na prática, o que a E.On fez foi comprar o controle da MPX de Eike, já que o retirou do Conselho de Administração e passou a tocar a companhia de maneira autônoma. A situação continuou piorando para o megaempresário e ele teve que desistir de participar do aumento de capital que iria injetar mais dinheiro na sua própria companhia. Na época, Eduardo Karrer, presidente da MPX, disse que isso foi feito "de maneira realista", ou seja, Eike já não tinha condições de injetar o capital que havia estipulado no acordo. O aumento de capital proposto, portanto, foi reduzido para R$ 800 milhões, com cerca de R$ 400 milhões vindos do grupo alemão e R$ 400 milhões a vir de outros acionistas minoritários que quisessem participar desse aumento. Se os R$ 400 milhões não fossem subscritos pelos minoritários, o BTG Pactual faria o restante, entrando de cabeça na parceria. Se a GE pagou R$ 300 milhões por uma participação ínfima em todas as empresas, a E.On levava 38%[26] de sua melhor empresa por R$ 1,81 bilhão, menos do que a própria MPX havia arrecadado na abertura de capital ao vender cerca de 25% da companhia.

Pior ainda para Eike foi o acordo com o EIG International, no início de agosto. Se no acordo de março o megaempresário teve a oportunidade de colocar algum dinheiro no bolso, dessa vez a situação foi completamente diferente. O fundo norte-americano

---

26 Fonte: Comunicado ao mercado posterior ao aumento de capital.

apenas se comprometeu a injetar R$ 1,3 bilhão na LLX[27], através de uma subscrição privada de ações – extensível aos outros acionistas da companhia, mas com a promessa de que Eike não iria participar, cedendo sua parte da subscrição ao EIG. Por R$ 1,3 bilhão, o fundo norte-americano arrematava a joia da coroa dos projetos de Eike. Para se ter ideia de quão "barata" foi a venda do controle, na abertura de capital da MMX, o que se tornou a LLX – o Superporto do Açu – foi avaliado em cerca de R$ 2,86 por ação[28]. Eike tentou fechar o capital a R$ 3,13, mas fracassou quando um laudo do Bank of America Merrill Lynch apontou o valor justo da empresa entre R$ 6,94 e R$ 7,36 por ação[29] – fazendo-o desistir da operação. O fundo arrematou pagando R$ 1,20 por ação. O presidente do EIG mostrou-se bastante animado com sua aquisição, chamando o porto de "maravilhoso" e destacando que estava muito feliz por prover o restante de capital necessário para tirar o projeto, definitivamente, do papel. De fato, um bom projeto arrematado a preço de banana pelo fundo norte-americano.

Se as condições pioraram para Eike ao longo do tempo, fica fácil olhar para trás e dizer que o mais inteligente a ser feito teria sido vender partes mais significativas no passado. Em carta ao mercado, enviada no meio da crise, Eike confessou que recebeu diversas propostas por largas fatias ou pelo controle da OGX, considerando que a empresa, como um todo, valesse US$ 30 bilhões. Na época dessa carta, a OGX valia apenas US$ 1 bilhão. Dois meses depois, cerca de US$ 300 milhões. Essa oportunidade perdida e outras tantas que podem ter aparecido no momento de euforia só significavam uma coisa: o sucesso era algo cada vez mais difícil e custoso para o megaempresário. Tão difícil que o mercado perdeu toda a confiança depois da metade de 2013: em agosto, os credores da OGX pediram a saída de Eike da companhia, enquanto a Petronas, que já havia assinado um acordo com a petrolífera do megaempresário, disse que iria "esperar" a reestruturação de dívida ser resolvida antes de retomar os pagamentos. A OGX

---

27 Fonte: Comunicado ao mercado.
28 Fonte: Relatório Empiricus.
29 Fonte: Comunicado de Desistência da OPA.

veio a público, em comunicado ao mercado, para afirmar que a Petronas não tinha esse direito, já que o contrato firmado entre as duas companhias não mencionava essa situação. O comunicado da petrolífera de Eike Batista, porém, ressaltava que tudo seria feito em nome de "preservar o bom relacionamento entre as duas companhias". Com a crise cada vez pior, percebia-se que todo o poder de barganha estava nas mãos da Petronas e dos possíveis novos sócios estratégicos que Eike tentasse arranjar. A estatal malaia, posteriormente, desistiria da parceria, anunciando a rescisão do contrato na terceira semana de novembro.

Os diversos tipos de investidores pessoas físicas...

É importante ter em mente que no mercado de ações há diversos tipos de investidores. Há pessoas físicas e pessoas jurídicas, que se comportam de maneiras completamente diferentes no mercado de capitais. E dentro dessas duas classificações há inúmeras outras coisas que diferenciam cada investidor, como o grau de instrução a respeito do mercado, objetivos e personalidade – no caso de pessoas físicas – e regras, no caso das jurídicas.

O grupo das pessoas físicas tende a ser o principal prejudicado por fenômenos como esses, já que costuma ser o que menos entende do negócio – ou o que mais tem a "liberdade" de perder dinheiro, já que não há cobranças por mudanças na estratégia se as coisas dão errado – a não ser as que são impostas a si mesmo ou por conta de um relacionamento em que a gestão financeira é compartilhada. É claro que sempre haverá o investidor "iluminado", que ganhará muito dinheiro na Bolsa, mas a maioria das narrativas é muito parecida. A grande parte de pessoas físicas começa a investir com a indicação de algum conhecido – que, muitas vezes, chega a recomendar ações para o indivíduo. O comum é que essas pessoas iniciem na Bolsa em momentos de euforia do mercado, quando está em alta. A maré logo vira e a pessoa acaba perdendo, por desconhecer os riscos inerentes do mercado. Uma das grandes afirmações de "cultura geral" que circula no mercado é que a Bolsa seria, para o longo prazo, o que pode ser interpretado como uma mentira. Quem investe exclusivamente em empresas pouco sólidas tende a perder dinheiro com essas ações no longo prazo – mas, em momentos de euforia da Bolsa, pode chegar a ter a sorte de ganhar algum dinheiro, caso consiga medir bem a sua ganância e vendê-las antes que a maré vire. Esse tipo de investidor tende a ser chamado de "sardinha" entre os participantes do mercado, por sua falta de conhecimento. É ele que deverá "pagar o pato", com frequência carregando ações que ninguém quer ter em carteira e sofrendo perdas patrimoniais severas. Não há dados que possam quantificar isso, mas diversas pessoas ligadas à Bolsa de Valores acreditam que a grande maioria dos investidores que carregaram a ação da OGX do topo ao fundo se encaixava nessa definição de investidor. "Quem mais perdeu com o fenômeno Eike foi o investidor mal-informado que não tinha nenhum plano para operar ou investir e que apenas seguia a massa. Especialmente aquele que não tem um plano de saída. Por exemplo, aquele que segue de forma imprudente o velho chavão: "ações são investimentos de longo prazo", diz Leandro Ruschel.

É só depois de enfrentar as perdas que esse tipo de investidor toma a decisão: ou sai da Bolsa de vez, ou tenta buscar aconselhamento profissional. O investidor pode operar de forma autônoma ou buscar recomendações feitas por profissionais, como a área de análise de ações de uma corretora. A maioria das pessoas, porém, opta mesmo por desistir da Bolsa – e dos sonhos de viver de renda que acalentava anteriormente. O fracasso inicial com as ações causa um grande "trauma" no investidor que prefere continuar, forçando uma mudança drástica na sua forma de investir. Isso foi verificado na OGX – que quanto mais caía, mais os investidores se interessavam por informações a respeito dela. "Ver ações que eram negociadas perto dos R$ 20,00 serem negociadas na casa dos centavos força o investidor a buscar mais informações antes de investir, como: qual o modelo de negócio da empresa? A empresa está numa fase pré-operacional? Qual é a relação risco *versus* retorno desse investimento? A empresa tem apresentado bons números e bons resultados? E assim por diante", diz Aline Rebelo, coordenadora do

Investmania, uma rede social voltada para o mercado acionário. Ela notou uma mudança de comportamento entre os diversos usuários de sua rede, que antes eram acionistas das empresas de Eike Batista e agora passavam a estudá-lo antes de realizar novos investimentos – fazem muitas perguntas. Isso, porém, não afastou muitos dos incautos, que viam a ação cotada em centavos e, ainda assim, acreditavam que isso era uma oportunidade.

Quem opta por ficar na Bovespa depois de uma grande perda tende a prestar mais atenção nos aspectos "profissionais" do mercado, ou seja, tende a buscar companhias que tenham melhores perspectivas, mas com motivos que escapem do senso comum. Para isso, a maioria das corretoras presta serviço para seus clientes na forma de sugestões de ações, as chamadas carteiras recomendadas. O investidor tem a opinião de um profissional, pago para somente encontrar as melhores oportunidades para ele. Embora muita gente mencione a possibilidade de conflitos de interesses com as áreas de gestão de recursos da corretora e de análise – que poderia recomendar ações que os gestores querem vender –, o fato é que a maioria das carteiras supera o desempenho do Ibovespa, que é estruturado para ser uma média do desempenho do mercado nacional. Mesmo geridas por profissionais, ações que terão desempenho fraco aparecem nessas carteiras vez ou outra – é impossível prever o futuro com precisão, dá apenas para ter uma ideia do que dará certo ou não através dos fundamentos das empresas. Esse foi o caso das empresas de Eike, que, por muito tempo, foram recomendadas pela grande maioria das corretoras. Há de se ressaltar, porém, que nenhuma corretora mandou seus clientes apostarem exclusivamente nas empresas de Eike Batista, ou mesmo deixar que essas empresas representassem mais de 20% do dinheiro aplicado.

Cada investidor, porém, é diferente. Ele pode não ter a mesma quantidade de dinheiro, pode acompanhar o mercado de maneira distinta, possuir os mais variados objetivos financeiros e, obviamente, ter personalidade diferente, fatores que o fazem lidar de formas distintas com cada questão. Cada informação passada por um profissional através de uma carteira, por exemplo, pode ser interpretada e usada de maneira diferente e, muitas vezes, se o investidor não entender o que estiver fazendo, essa informação pode na verdade se tornar prejudicial. Se ele não tem dinheiro suficiente para comprar todas as ações da carteira, pode ser que ele opte por uma diversificação menor. Isso pode ser uma armadilha, já que é a diversificação que dilui os riscos de se expor a empresas que, embora pareçam boas no momento da compra, são escolhas ruins quando se vê o desempenho delas no longo prazo, exatamente o caso das empresas de Eike Batista.

A personalidade também é bastante importante – principalmente no que tange à habilidade de suportar prejuízos sem desistir do sonho. Dificilmente um investidor conservador, que tivesse medo de sofrer revés na Bolsa, teria tido grandes perdas com as ações de Eike Batista, mesmo se não compreendesse as razões que tornavam essas ações mais arriscadas que outras. Essa suposta "fraqueza", que já expulsou muita gente da Bovespa, foi também uma virtude quando se fala das ações de Eike Batista: isso impediu que o rombo crescesse ainda mais. Muitas pessoas compraram ações da OGX a R$ 20,00, mas optaram por desistir desse sonho quando a ação estava próxima dos R$ 10,00. Era uma perda de 50%, mas salvou-as de uma queda ainda mais agressiva.

Para Ruschel, é muito importante que quem tente entrar na Bolsa de Valores entenda quando deve desistir dos sonhos, pelo menos temporariamente, o que preserva o capital e permite que ele volte ao mercado quando as ações estiverem mais atraentes – ou opere "vendido" durante esse período, aproveitando-se do movimento de quedas. "O investidor deve definir de antemão quais as condições de mercado que o fariam encerrar a sua posição. O raciocínio básico para não sofrer uma grande perda na Bolsa é estar preparado para o inesperado. Eu costumo perguntar cada vez que faço um investimento ou *trade*: o que farei se a operação não andar conforme eu espero?", diz.

... e jurídicas

Se há diferenças importantes entre os investidores pessoas físicas, também há entre as pessoas jurídicas. Basicamente, um investidor pessoa jurídica é um fundo, que concentra o investimento de diversas pessoas – ou apenas de uma única pessoa muito rica, que se constitui com essa finalidade. Já que gerem o capital de terceiros, os fundos costumam ter regras que determinam que tipo de investimento os gestores podem ou não fazer. Esse tipo de investidor tende a ser o tipo de minoritário mais "fiel" para as empresas listadas em Bolsa. Geralmente, por ter posições muito maiores do que as pessoas físicas, os fundos de ações conseguem ser ouvidos com muito mais facilidade do que um minoritário. Além disso, como a quantidade de ações é muito grande, fica mais difícil vender suas posições e, caso isso gere perdas muito grandes, fracassar pode custar o emprego do gestor desse fundo. A indústria de fundos é tão sofisticada que algumas empresas listadas na Bovespa, e em outras Bolsas mundo afora, são comandadas apenas por eles – e não possuem um "controlador". Nesse caso, são eles que apontam todos os executivos e tomam as decisões via Conselho de Administração. A principal empresa privada brasileira, a Vale, tem, entre seus principais acionistas, diversos fundos: entre eles, a Bradespar – um braço do Bradesco formado especialmente para deter participação em outras empresas –, também listada em Bolsa, além de fundos de pensão importantes, como o Previ, dos funcionários do Banco do Brasil.

Entre os fundos que apostaram no fenômeno Eike, possivelmente o principal foi o Ontario Teacher's Pension Plan – dono de 18% do capital da LLX Logística[30] até a venda para o EIG, e de quase 14% da OGX[31] logo antes da abertura de capital, permanecendo como acionista relevante também pelos anos seguintes. Não era um fundo de investimentos em ações qualquer, tratava-se de um plano de pensão que investia retornos focando o longuíssimo prazo, já que geria a carteira de investimentos dos professores do Estado de Ontário, no Canadá, que se aposentassem. Era uma espécie de

---
30 Fonte: BM&FBovespa.
31 Fonte: Prospecto.

"barganha coletiva", várias pessoas que apostavam um pouco de seu patrimônio para obter uma boa rentabilidade e garantir o conforto material após a aposentadoria. Embora tivesse investido pesado nas empresas de Eike Batista, esse fundo não sofreu tanto assim com isso, já que diversificava bastante sua carteira – contando com investimentos em diversos países e empresas. Em 2013, o fundo não mais destacava o Grupo EBX como principal investimento no Brasil: sua menina dos olhos então era o Banco de Investimentos BTG Pactual.

Outro fundo de pensão, desta vez nacional, que apostou em Eike foi o Postalis, dos Correios, o maior desse tipo no Brasil em quantidade de participantes. De acordo com informações da revista *Exame*, o fundo comprou R$ 130 milhões em ações das empresas do Grupo EBX e viu mais da metade desse valor ser "engolido" pelo mercado, com a desvalorização desses papéis. Esse tipo de fundo costuma ser bastante líquido e trabalhar com prazos mais longos – o que não combinou com a dinâmica arriscada das empresas de Eike Batista. Se por um lado os projetos arriscados possuem um retorno mais atraente se derem certo (já que menos pessoas apostam neles), fundos tendem a ser menos ágeis em suas decisões que os investidores individuais e não conseguem fechar suas posições de maneira fácil quando as coisas começam a dar errado. De fato, muitos dos que apostaram não conseguiram escapar da desvalorização a tempo, como é o caso do Postalis. Ao contrário do fundo canadense, a situação do Postalis não foi nada favorável: ele teve que pedir uma contribuição aos seus afiliados – funcionários dos Correios – para conseguir equacionar as contas. O que era para render dinheiro aos trabalhadores acabou por resultar no contrário, graças às decisões erradas dos gestores.

Fundos de pensão tendem a ser muito importantes nos mais diversos mercados de capitais. Previ, do Banco do Brasil, e Petros, da Petrobras, costumam, por exemplo, ser grandes *players* no mercado nacional de capitais. Participam do dia a dia de grandes empresas e costumam fazer sua opinião ser ouvida nas assembleias de acionistas – foi o Previ, por exemplo, que derrubou Roger

Agnelli da presidência da Vale. Um fundo que olha o longo prazo não tem uma lógica de somente colocar dinheiro e deixá-lo render – quando são grandes acionistas, eles tendem a também cuidar do negócio e participar da resolução dos problemas que surgem. Assim, compartilham um pouco do comando da empresa com o bloco controlador, algumas vezes participando desse grupo de investidores. Possivelmente, o fundo mais ativo em resolver os problemas do Grupo EBX foi o Mubadala, do governo de Abu Dhabi, nos Emirados Árabes Unidos, e comandado diretamente por um dos príncipes do emirado, Mohammed bin Zayed Al Nahyan. O fundo havia feito uma parceria estratégica com a EBX, tornando-se acionista da própria *holding* de Eike, em 2012, e se envolveu profundamente conforme a crise foi se agravando no ano seguinte. Chegou a comprar o Porto Sudeste, que pertencia à MMX, junto com uma empresa holandesa de *commodities* e logística, a Trafigura. Abandonar o grupo à sua própria sorte seria perder o dinheiro definitivamente, enquanto colaborar para a solução poderia gerar ganhos no longo prazo. Além do mais, por ser acionista da própria *holding*, o fundo árabe não tinha como vender sua participação na Bolsa de Valores.

Além disso, existem também os fundos simples de ações que "surfam" nas cotações, fundos que compram cotas de outros fundos e os fundos passivos, que seguem uma carteira já determinada por outra entidade, como o Ibovespa. O primeiro tipo tende a ajustar a carteira conforme os humores do mercado se movimentam, conforme as perspectivas para a empresa se alteram e de forma rápida – principalmente se as regras do fundo permitem comprar produtos diferentes de ações, os chamados fundos multimercados, que podem comprar renda fixa, dívida corporativa e ter ações, tudo ao mesmo tempo. Raramente esses fundos tentam participar do controle das empresas, e, se não gostam do caminho que a empresa está levando, apenas liquidam suas posições. São gestores que procuram as melhores ações no mercado e apostam o dinheiro que gerem nessas empresas. Podem, também, tomar posições vendidas em algumas empresas para levantar dinheiro – algo que tem ficado cada vez mais comum nos fundos que participam da Bovespa. Além disso, quando a taxa de aluguel das ações da OGX cresceu de maneira violenta, alguns fundos passaram a ter grandes posições alugadas para ganhar com esse aluguel – também uma forma de levantar dinheiro[32].

Já os outros dois tipos de fundos têm menos poder de decisão sobre o que fazem. O fundo de fundos compra cotas de outros fundos – e teria uma grande exposição indireta às empresas de Eike apenas se os fundos escolhidos estivessem apostando pesado nessas companhias. Já os fundos passivos apenas replicam carteiras predeterminadas por outra entidade – sendo que a principal carteira é o Ibovespa. Pelo estatuto dos fundos, eles são obrigados a comprar ações das empresas de Eike toda vez que a quantidade teórica de papéis presentes no Ibovespa aumentar. Como a participação percentual das empresas de Eike pouco se alterou no índice entre as carteiras de 2011 e 2013, mas as ações caíram bastante nesse período, a quantidade de papéis necessários para replicar o índice cresceu – o que, efetivamente, obrigava os fundos passivos a comprar essas ações no dia em que o índice era rebalanceado, o que ocorre de quatro em quatro meses. Investidores espertos aproveitam essa oportunidade para comprar as ações durante o último dia de uma carteira para se aproveitar do aumento de procura no pregão seguinte. Nos momentos de crise, esse movimento dos fundos criava uma grande movimentação entre as pessoas físicas, que acreditavam que isso iria provocar um efeito "bola de neve" nas ações de Eike Batista, sobretudo na OGX – permitindo que eles encontrassem um bom momento para vender as ações a um preço mais alto. "Eu segurei as minhas ações da OGX, achando que isso iria me dar uma boa oportunidade de venda, que me permitiria diminuir meu prejuízo", disse o investidor e médico Leandro Almeida, que não quis revelar quanto perdeu com essas ações, já vendidas, mas garantiu ser "mais do que poderia suportar".

---

32 Mostra estudo da consultoria Economatica.

Havia também outro tipo de fundo passivo que seguia as ações de Eike, principalmente a OGX, os fundos passivos de MSCI – um índice criado pelo Morgan Stanley e pela Capital International, que segue as principais ações de cada um dos países cobertos e era usado principalmente por investidores estrangeiros. O Itaú BBA estimava que houvesse cerca de US$ 30 bilhões em investimentos atrelados ao MSCI na Bovespa[33]. O mais grave "incidente" com uma das empresas de Eike ocorreu, porém, em setembro de 2013, quando a OGX foi excluída do índice principal. No último dia de agosto as ações da petrolífera despencaram 40% em apenas um pregão, somente nos últimos cinco minutos – quando ocorre uma espécie de leilão para se descobrir o preço em que a ação fechará naquele dia. "Eu não acreditei. Não esperava nada disso, fiquei olhando para a tela do computador por alguns minutos sem acreditar, foi um golpe duro. Já tinha perdido muito dinheiro e via o que ainda sobrava, que já era pouco, cair 40%", afirma Almeida. Foi a primeira vez que a ação bateu os R$ 0,30.

Outro tipo de "sócio", o credor

Na época em que tudo isso ocorreu, a OGX, estrela do portfólio de Eike, enfrentava o seu momento mais difícil: uma reestruturação de dívidas. Com débitos a pagar de US$ 3,6 bilhões e praticamente nenhuma geração de caixa, o futuro da companhia estava ameaçado – era questão de tempo para a companhia ficar sem caixa e ter que decretar recuperação judicial. Com isso, um novo ator entrou no jogo: eram os credores da companhia, que corriam o risco de levar calote por parte da petrolífera. Bancos de investimento, comerciais e de desenvolvimento faziam parte da briga, mas havia uma classe de credor predominante nesse caso: investidores privados estrangeiros, que haviam comprado títulos de dívida, chamados de *bonds*.

Eles investem nesses papéis a renda fixa corporativa, para garantir seus ganhos. Quando uma empresa faz uma oferta pública de dívida, chega-se a um acordo a respeito da taxa de juros a ser paga sobre o principal da dívida e o tempo de maturação. Assim,

---
33 Fonte: Relatório do banco em agosto de 2013.

o investidor sabe muito bem quanto vai ganhar, se não houver um calote – um evento que é relativamente raro, principalmente entre as grandes empresas. Títulos corporativos tendem a pagar mais do que os títulos países, mas são mais arriscados, já que a possibilidade de um governo não cumprir com sua obrigação tende a ser muito menor. No Brasil, porém, o mercado de dívida ainda é muito pouco desenvolvido. Por isso mesmo, as maiores empresas nacionais, como a Petrobras e a Vale, recorrem ao exterior quando precisam desse tipo de capitalização – geralmente emitindo os seus títulos de dívida em dólares norte-americanos. Empresas muito conhecidas no exterior, como era o caso das companhias de Eike, possuem uma facilidade extra nessas emissões. Como Eike sempre ressaltou[34], as portas estavam abertas para ele no exterior.

Ter dívida concentrada em *bonds* emitidos no exterior não era apenas o caso da OGX, todas as outras também tinham fortes dívidas com esse tipo de credor. A OSX, por exemplo, tinha um montante de US$ 2,4 bilhões a serem pagos, o que também era tido como impagável. Quando a situação é drástica, um credor é praticamente um acionista da empresa, passa a ter sua voz ouvida. Isso se refletiu na comunicação das próprias companhias de Eike, que, nesse momento de crise, deixaram de avisar que fariam de tudo por seus *shareholders* – isto é, os acionistas – e passaram a utilizar o termo *stakeholder*, mais amplo, que inclui também os credores.

O próprio processo de reestruturação de dívidas ensinou bastante sobre a situação de crise pela qual a empresa passava – ajudando a espantar ainda mais os acionistas. Mesmo nesse cenário, a comunicação das empresas era otimista – salientando que os investidores iriam aceitar, cedo ou tarde, as propostas na mesa e a dívida seria convertida em ações, efetivamente dando o controle da OGX aos credores. "Nos Estados Unidos, a coisa é montada para que a empresa sobreviva, continue gerando empresas", afirmou Luiz Eduardo Carneiro, diretor-presidente da OGX, em setembro de 2013. Se o comando era otimista, o mercado era completamente pessimista. Nesse período, os títulos de dívida da OGX eram os

---

34 Fonte: Biografia.

mais baratos do mundo, sinalizando que ninguém mais acreditava que a empresa de Eike conseguiria dar a volta por cima.

Os analistas de mercado

Para quem acompanhava o mercado no dia a dia, provavelmente uma resposta já existia para o futuro da OGX nessa época: o mais provável era o nada. As apostas variavam entre Eike ter de se desfazer da companhia, muito provavelmente entregando-a aos credores, ou a recuperação judicial. Para os analistas de mercado, a situação da empresa só teria uma saída se não estivesse mais nas mãos de Eike ou em uma situação especial. A desilusão com o caso de Eike era total para todos eles.

Talvez ninguém estivesse mais descrente com essa situação do que aqueles que acompanharam a história desde o começo e mostraram grande entusiasmo com a petrolífera em outra época. Compreender a natureza dos negócios é um empecilho natural para muitos dos homens que tentavam, por meio de fórmulas matemáticas, determinar o preço justo das ações de uma empresa – os chamados analistas fundamentalistas. A maioria dos analistas é formada em Administração ou Economia – gente que é muito boa em analisar a situação financeira de uma empresa e a conjuntura econômica ao redor, mas que pouco sabe sobre a teoria dos ramos de extração de *commodities*, como era o caso de MMX, OGX, CCX e, em menor escala, a MPX. Quando uma companhia tem resultados já consolidados e tem histórico, como a Petrobras ou a Vale, isso não é um problema – basta olhar os resultados passados e realizar projeções futuras de acordo com os dados e perspectivas para a economia. Para novatas, que acabaram de iniciar suas operações, isso pode se tornar um grande problema – levando os analistas a errarem suas projeções.

Um dos analistas que cometeram o erro é Luiz Augusto Pacheco, da gestora Inva Capital – talvez um dos que tenham sido mais otimistas em relação ao desempenho futuro da OGX, e que, por isso, continuou recomendando as ações da petrolífera por meses, mesmo depois do fatídico junho de 2012, quando se percebeu que a produção da companhia estava bem abaixo do esperado. Ele é honesto em afirmar que acredita que lhe faltou conhecimento técnico para avaliar melhor. "O grande problema com analistas, e eu me incluo nessa, é que eles têm que dar opinião sobre as mais diversas empresas, sem entender as nuances do negócio. E petróleo é algo complicadíssimo, mesmo gente com mestrado e doutorado em geologia e engenharia pode se enganar", destaca. Como não havia resultados passados, ele e os outros analistas tiveram que acreditar nas projeções da companhia para traçar seus modelos e estimativas, que lhe mostravam se as ações eram atraentes ou não. Mas, conforme os números de produção foram sendo divulgados, Pacheco foi ficando cada vez mais cético – percebendo que a situação não se concretizaria como esperava, baseado nas premissas da própria companhia, o que ia reduzindo, gradualmente, a atratividade das ações das empresas. Não há ninguém que duvide que se tudo tivesse saído como o prometido, dado como certo pelas empresas, as companhias fundadas por Eike Batista seriam excelentes investimentos. "Acho que o que deu errado com o Eike foi a falta de resultado. A diferença entre o prometido e o entregue. Infelizmente as projeções não se concretizaram e, à medida que novas informações foram chegando, as recomendações foram caindo", diz o analista.

O problema não se restringiu a Pacheco: praticamente todo o mercado acreditou nas premissas da empresa e trabalhava com números baseados no que a companhia acreditava que viria a ser – e recomendava a ação baseado nesses números. Por isso o primeiro impacto definitivo, a declaração de produção de julho de 2012, fez com que a ação sofresse tanto. Depois disso, o ceticismo veio com o tempo. O Merrill Lynch era a única grande instituição que estava cética desde o começo[35], mas o JPMorgan, por exemplo, um dos maiores bancos de investimento norte-americanos, só veio a recomendar a venda das ações da OGX em setembro de 2013[36]. Já o

---

35 Fonte: Relatório do banco em 2008.
36 Fonte: Relatório do banco em 2013.

Itaú BBA, possivelmente o maior banco de investimentos brasileiro e braço importante do Itaú Unibanco, afirmou publicamente que demorou muito para desistir da petrolífera de Eike[37].

Na época em que o JP recomendou as vendas, Pacheco já havia desistido da empresa havia algum tempo, desiludido com as empresas. "Para mim, a gota d'água foi o relatório de produção de fevereiro de 2013. Ali eu vi que não tinha como eles atingirem o objetivo em que acreditávamos", confessa Pacheco. Ele buscou então o conselho de pessoas que entendiam melhor do setor de petróleo para formular sua opinião sobre as perspectivas para a empresa – mas a divergência de opiniões fez com que ele optasse por deixar a OGX de lado. "Eu falei com pessoas do setor, que trabalham em plataforma, e nem elas conseguiam dizer como seria a extração, que muda dependendo do poço e tem uma série de fatores. Então ficava extremamente difícil chegar a uma conclusão", afirma Pacheco.

Sempre houve conversas sobre um "risco X", que se espalhava entre todas as empresas do Grupo EBX. A movimentação das ações das empresas, de maneira geral, seguia a OGX. A crise, instaurada de vez em junho de 2012, atingiu não apenas a petrolífera – deixou todos os analistas céticos. O pessimismo era ainda mais grave por se tratar de empresas pré-operacionais, que não tinham muito a mostrar – apenas a se projetar. A maioria dos analistas projeta quanto deve valer uma empresa através de uma conta, conhecida como *valuation* – que, no caso dessas empresas, levava muito em conta a expectativa de sucesso. Conforme as dívidas iam crescendo e a produção esperada não aparecia, o alvo dos analistas reduzia-se cada vez mais: a maioria das casas de recomendação estimava o preço justo da ação da OGX acima de R$ 20,00 em janeiro de 2011. Dois anos depois, eram poucos os analistas que acreditavam que a ação deveria valer mais do que R$ 1,00.

É a partir das conclusões tomadas pelos analistas que as recomendações de compra ou venda são feitas para os clientes de bancos, gestoras ou corretoras – ou para a própria área de gestão

---

[37] Fonte: Relatório do banco em 2013.

dessas instituições. Com as recomendações de compra cada vez mais raras para as empresas de Eike, sobravam apenas os investidores que agiam sozinhos – sem nenhuma base profissional. "Eu comprei as ações por achar que elas estavam baratas. Já tinham sido negociadas a R$ 23,00. Comecei a comprar aos R$ 6,00, achando que elas iam voltar para a casa dos R$ 20,00 quando tudo se normalizasse", diz o investidor Leandro Almeida.

O mercado cobre o que você promete... e não é pouco

Se os analistas estudam a empresa, a principal forma de entender o que se passa nela é através dos resultados corporativos, que as empresas são obrigadas a divulgar. A cada três meses as empresas publicam seus balanços, mostrando tudo que se passou financeiramente nas companhias nos últimos três meses. Esses números são estudados copiosamente e, caso sejam muito diferentes da média das projeções do mercado, fazem as ações despencarem nos pregões seguintes. As empresas ainda têm a chance de se explicar, organizando uma teleconferência com investidores e analistas nos dias seguintes ao resultado – às vezes, as ações chegam a se movimentar bruscamente depois de algo que foi dito nessas conversas com o mercado. Geralmente, são conduzidas pelo diretor-presidente da empresa e pelo diretor responsável pelas relações com investidores. Diretores financeiros também costumam participar, mas raramente envolve-se a figura do controlador em uma chamada dessas.

Essa teleconferência pós-resultados é tradicional entre as maiores empresas da Bovespa, porém não chega a ser obrigatória. Somente empresas menores não a fazem com regularidade, já que não atraem a demanda necessária. A OGX causou um furor quando cancelou a teleconferência posterior aos resultados do segundo trimestre de 2013, quando a companhia teve um prejuízo de R$ 4,3 bilhões. Vários motivos podem fazer uma empresa desistir de uma conversa dessas: acreditar, por exemplo, que a teleconferência só serviria para levantar mais dúvidas ou quando a situação pode mudar drasticamente – como era o caso da OGX nessa época, que já enfrentava o longo processo de reestruturação de dívidas.

Além dos eventos relacionados aos resultados, as empresas também têm a obrigação de divulgar os "fatos relevantes", ou seja, os principais acontecimentos que as cercam – que tendem a mexer com a cotação das ações nos pregões. A LLX, de logística, costumava subir bastante forte quando anunciava um novo contrato – ou cair forte quando uma desistência vinha a público. A OGX protagonizou os principais momentos das empresas do Grupo EBX, sobretudo nas questões referentes à produção da empresa. A própria CVM, reguladora do mercado, e a Bovespa geralmente indagam as empresas quando acreditam que as oscilações das ações não condizem com as informações que foram divulgadas recentemente ao público – obrigando as companhias a divulgarem os motivos pelos quais acreditam que essas movimentações atípicas estão ocorrendo, ou recebem uma multa. Conforme a crise no Grupo EBX foi crescendo, as autoridades reguladoras foram cada vez mais rigorosas: a OGX, por exemplo, foi chamada a prestar esclarecimentos 31 vezes, de janeiro a setembro de 2013, contra apenas 18 vezes entre 2008 e 2012.

Por fim, bem raras são as teleconferências após fatos relevantes – algo reservado para os acontecimentos mais chamativos. Foi o caso da divulgação da produção de *Tubarão Azul*, em junho de 2012, em que Paulo Mendonça, na época diretor-presidente da OGX, tentou explicar ao mercado o motivo pelo qual não acreditava que aqueles números fossem tão negativos – mas não conseguiu evitar a queda de 25% das ações. O próprio Eike Batista estava presente na ligação e fez as considerações finais, mostrando compreender a importância que o mercado dava para o que estava ocorrendo com a empresa naquele momento.

Informações que vazam: as acusações de insiders

O mercado cobra para entender o que se passa na empresa para não ser "passado para trás" – no final, todas as empresas serão cobradas pelos resultados, mas é importante entender o que acontece no dia a dia para tentar prever a movimentação futura. Isso é verdade, principalmente para empresas pré-operacionais, como era o caso das companhias de Eike Batista, já que cada evento pode mudar a trajetória da empresa de maneira significativa – sobretudo se essas informações podem ser usadas para beneficiar as pessoas que possuem informações privilegiadas, os chamados *insiders*. No chavão do mercado, essas pessoas são as que negociam ações, tanto para compra quanto para venda, baseadas em notícias que ainda estarão por vir, o que caracteriza uma infração punível caso descoberta – embora raramente, no Brasil, com prisão para os envolvidos.

Mesmo assim, os casos suspeitos são muitos – envolvendo não apenas as empresas de Eike Batista. Um dos casos mais famosos, por exemplo, envolveu dois executivos da Sadia, que negociaram ações da empresa um dia antes de a companhia fazer uma proposta de compra da Perdigão, no ano de 2006. É comum que algumas informações vazem antes. "Acredito na teoria de mercados eficientes, quando as ações precificam inclusive informações que ainda estão ocultas e são privilegiadas", afirma Aline Rebelo, coordenadora do Investmania. É comum ver, em espaços de discussões, uma informação que aparece por uma fonte anônima e logo depois é confirmada pela empresa – geralmente vazada por alguma pessoa ligada à empresa ou que teve acesso a essa informação anteriormente.

Redes sociais alertavam, por exemplo, quando a OPA para fechamento de capital da CCX iria ser cancelada. Um perfil no Twitter, chamado de BovespaBrokers, avisou dois dias antes do cancelamento que a oferta seria cancelada. O dono desse perfil afirma que ficou sabendo dessa informação através de uma pessoa ligada à empresa e resolveu torná-la pública para as pessoas que acreditavam nele. Pode ter sido, porém, um chute: as ações caíram 35% um dia antes do aviso via Twitter – indicando que algo ruim estava por vir, se este fosse o movimento dos *insiders*. E continuou a trajetória de queda nos dois pregões posteriores, acumulando perdas de 55%. Quando o cancelamento foi confirmado, ocorreu nova desvalorização, dessa vez de 42%. No total, as ações da CCX perderam 72% de valor de mercado nesses quatro dias – sendo que a maior parte da queda veio antes que a empresa confirmasse, ou até mesmo antes que a informação vazasse. Não havia outra explicação para a queda, a não ser o movimento de *insiders* – Eike havia garantido, via comunicado ao mercado, a realização da OPA cinco dias antes. Quem vendeu com base nas informações antes do vazamento conseguiu salvar um pouco de seu dinheiro. O cancelamento não foi a primeira vez em que a própria CCX seria acusada de ação de *insider*, já que três dias antes de a OPA ser anunciada as ações da empresa de carvão dispararam 65%. A percepção geral do mercado era de que alguém sabia de alguma informação ainda não divulgada – um caso gritante de *insider trading*. Além do destino da CCX, o perfil no Twitter que vazou a informação também havia divulgado que a LLX seria vendida um dia antes de o negócio ser anunciado – inclusive dando o nome da empresa que compraria a empresa de logística. Além disso, outros casos menores chamam a atenção. No dia 25 de junho de 2012, data do comunicado que instaurou oficialmente a crise no Grupo EBX, as ações da OGX já vinham de uma sequência de quedas, perdendo 20% do valor de mercado em cinco dias, alcançando as cotações mais baixas desde 2009, quando a Bovespa ainda se recuperava da crise do *subprime*. O comunicado fez com que a ação caísse 25%, mas quem vendeu poucos dias antes conseguiu salvar muito dinheiro.

Em relação ao assunto de *insider trading* dentro do Grupo EBX, Eike adotou uma das poucas posturas que podia ter tomado: não negou a possibilidade de *insider trading* e afirmou que a CVM deveria investigar os casos. Mas também não iniciou nenhuma investigação por conta própria, o que teria ajudado a preservar a credibilidade de suas empresas. Essa situação só piorou quando ele próprio foi acusado de fazer vendas dotado de informações privilegiadas, em maio e junho de 2013, quando vendeu diversas ações da OGX na Bovespa e acabou levantando R$ 200 milhões, pouco tempo antes que a empresa comunicasse a desistência de quatro campos, inclusive Tubarão Azul, onde já produzia petróleo.

O efeito Eike no índice Bovespa: ele moldou o mercado?

Com tudo isso, as ações de Eike tiveram uma trajetória de quedas nos últimos anos e, por serem demasiadamente importantes no Brasil, ajudaram a derrubar o Ibovespa – principal índice da Bolsa brasileira. As três ações de empresas pertencentes ao megaempresário Eike Batista presentes no Ibovespa estão entre as maiores quedas do Ibovespa nos últimos dois anos – OGX, MMX e LLX. A OGX Petróleo liderou as perdas do índice entre 2012 e outubro de 2013, com recuo por volta dos 99%, enquanto a MMX Mineração foi a segunda colocada nesse biênio, com perdas de aproximadamente 90%. A outra ação, a LLX Logística, apresentava perdas mais leves, de 50%. As três empresas sempre tiveram peso relativamente grande no principal índice da Bolsa brasileira, colaborando para a queda anual do índice nesses dois anos. Por grande parte desse período, a OGX foi a terceira empresa com maior peso – atrás apenas das gigantes Vale e Petrobras –, sendo responsável por 5% do índice em cada rebalanceamento. MMX e LLX, somadas, representavam 2% do índice, garantindo uma média de 7% para Eike Batista. Isso durou até a OGX ser retirada do índice, após pedir a recuperação judicial no final de outubro.

Por conta dessa forte representação, esses três ativos representaram cerca de 6,5 pontos percentuais da queda do Ibovespa desde o início de 2012 até o final de outubro de 2013[38]. Assim, sem as empresas do megaempresário Eike Batista, o principal índice da Bolsa brasileira estaria com uma queda muito inferior, já que nesse período as perdas do mercado foram de cerca de 10%. Não dá para dizer, então, que Eike Batista "moldou" o mercado brasileiro à sua imagem e semelhança, mas colaborou bastante para acentuar o movimento negativo. "O Ibovespa estaria, claro, mais alto hoje se não fossem as empresas do Grupo X. Mas essa diferença não é tão grande", afirma a consultoria Economatica.

Contudo, o estrago foi suficiente para que a própria Bovespa mudasse a metodologia do índice. "O mercado de capitais mudou

---
38 Cálculo baseado em estudo da consultoria Economatica.

muito. Gostaria que a metodologia do Ibovespa tivesse mais de 100 anos, como a do Dow Jones [principal índice da Bolsa norte-americana], mas existem situações que o mercado não pode ignorar", disse Edemir Pinto, diretor-presidente da operadora da Bolsa, em evento no mês de agosto de 2013, destacando que foi a OGX que coroou a questão.

Para Clodoir Vieira, economista e consultor de investimentos da Compliance, esses números mostram o peso de Eike Batista na Bolsa brasileira e ressaltam que a presença de suas empresas no índice não foi positiva. Para ele, isso acaba sujando o nome tanto da Bolsa de Valores quanto do Brasil perante os investidores internacionais, já que o mercado brasileiro seria menos desenvolvido justamente por aceitar empresas cheias de incertezas em seu principal índice, o que não acontece nos Estados Unidos, no Japão, no Reino Unido e na Alemanha. "Embora essa diferença pareça pequena agora, imagine isso em longo prazo. A diferença de rendimento seria enorme", avalia.

É verdade que houve diversos casos de fraude e outros crimes em mercados estrangeiros – como foram os casos da Enron e da Parmalat, que fraudaram seus balanços e "venderam" uma qualidade que não possuíam. Raramente, porém, empresas problemáticas alçaram para o mercado a importância que a OGX teve ao se tornar a terceira empresa de maior peso no Ibovespa. Embora não tenham feito nada de ilegal em relação ao mercado de capitais, as empresas de Eike Batista refletiam um grau exagerado de volatilidade por serem pré-operacionais – e por conta disso mesmo acabaram sendo danosas para o Ibovespa e para qualquer investidor que atrelasse seu desempenho ao índice. Com base nisso, o próprio Edemir Pinto declarou que era preciso ter mais cuidado com esse tipo de empresa. "As empresas pré-operacionais deixaram uma lição para o mercado. Precisamos ser mais criteriosos com esses casos. São projetos que geram um cuidado adicional", destacou, em um evento em setembro na própria sede da BM&FBovespa.

Clodoir Vieira lembra que, olhando para 2012, já dá para entender os efeitos dessas ações no principal índice da Bovespa, em sua metodologia antiga. Naquele ano, a OGX teve queda de 67,84%, a MMX recuou 32,94% e a LLX desvalorizou 28,78%, mas isso não significa que suas participações no índice foram reduzidas por conta disso: nenhuma das três perdeu participação no índice, a despeito dessa queda. Elas mantiveram suas respectivas importâncias e continuaram a figurar entre as mais negociadas na Bovespa. Como o Ibovespa agia para refletir o que era negociado na Bovespa (e não o peso de cada empresa na economia ou sua capitalização de mercado), a principal condição para que elas fossem incluídas ou deixadas de lado do índice era o volume negociado com as ações da empresa, o que só se elevou conforme as empresas passavam por suas dificuldades – que trouxeram maior volatilidade para elas. "Além da liquidez, deveriam ter restrições em relação às receitas da companhia", afirma o consultor da Compliance, lembrando que não há nada pessoal contra Eike Batista, salientando que empresas como a HRT Petróleo – outra empresa pré-operacional do setor de petróleo, que sofreu com problemas similares – também não deveria ter tido a possibilidade de fazer parte do índice.

As medidas vieram em setembro de 2013, como foram prometidas por Edemir Pinto, visando uma mudança drástica em maio de 2014. Na nova metodologia, chamada de "espanta Eike" por algumas pessoas do mercado, continuou-se favorecendo a liquidez no lugar de valor de mercado. Duas mudanças, porém, foram essenciais para que se enfraquecessem as ações de Eike Batista do índice: primeiro, a proibição de que o índice abrigue algumas *penny stocks*, ações que valem menos de R$ 1,00 e apresentam uma grande volatilidade por conta disso – já que cada centavo que elas ganhassem ou perdessem já representaria uma mudança de mais de 1%. Na época do anúncio, apenas a OGX se encaixava nessa categoria, embora a LLX tenha operado abaixo de R$ 1,00 anteriormente e a MMX alcançasse esse valor menos de três meses depois. Elas poderiam permanecer no índice, mas apenas se realizassem um grupamento em suas ações, como é chamada a operação para "unir ações". Caso a empresa decidisse fazer um grupamento de 100 para 1, 100 ações que valiam R$ 0,40 se tornariam apenas uma com valor de R$ 40,00 – o que diminuiria sua volatilidade.

Talvez a mudança mais importante tenha sido no chamado "índice de negociabilidade" – usado para determinar quais ações entrarão no índice. Anteriormente, levavam-se em conta duas variáveis com o mesmo peso: o número de negócios envolvendo essas ações e o volume financeiro movimentado por elas. Com a mudança de metodologia, passou-se a dar o dobro de importância para o volume financeiro em relação ao número de negócios. Isso desfavorecia ações baratas, que, por terem seu valor muito baixo, eram mais negociadas que papéis mais caros. Era o caso das empresas de Eike que compunham o índice – OGX, LLX e MMX –, todas cotadas abaixo de R$ 3,00 na época do anúncio da nova metodologia. Era o caso também da Construtora PDG, que tinha sua participação no índice inflada pelos mesmos motivos. Uma última mudança era um limite na participação individual de uma única empresa em 20%, para que uma empresa não "sequestre" o índice. Esse não é o caso do índice nos últimos anos, mas foi nas décadas de 1980 e 1990, quando a Telebrás chegou a representar quase 50% de todo o Ibovespa. Por fim, a Bovespa também se deu o direito de excluir uma ação do índice caso ela tenha a negociação suspensa por mais de 50 dias. Contudo, essa exclusão seria imediata se o papel entrasse em uma situação administrativa especial, como recuperação judicial, extrajudicial, regime de administração temporária, intervenção ou alguma outra hipótese.

Essa medida transforma o principal índice da Bolsa nacional em um ambiente de maior reflexo da própria economia nacional e não um lugar para grandes apostas e especulações sobre projetos ainda no papel, o que Vieira entende que seria positivo – além de ser mais seguro para os investidores "leigos". "Acho que a Bovespa deveria retirar os papéis pré-operacionais do índice, que não deveriam mais ser representados no PIB (Produto Interno Bruto) brasileiro. E como as empresas do Eike contribuem para o PIB, se não possuem produção?", salienta.

A volatilidade que elas possuíam era prejudicial para o desempenho de todo o índice, explica Vieira. Como essas empresas têm um cenário muito mais incerto do que empresas que já obtiveram estabilidade ao longo de sua vida econômica, qualquer notícia negativa ou positiva movimenta as ações de forma muito mais forte. E como o peso era muito grande, o analista salienta que muitas vezes essas empresas contribuíram para variações muito significativas no índice, principalmente se contar o período em que elas permaneceram no índice.

Foi tudo uma ilusão, um erro ou há espaço para uma retomada?

Com uma queda tão agressiva, é fácil para o investidor se perguntar se tudo que foi vivido por aqueles que apostaram em Eike até agora foi em vão. Possivelmente. A retomada para as ações do Grupo EBX é uma coisa que vai ser muito difícil e custosa – do ponto mais baixo até retomar o mais alto, a OGX precisa de uma alta de mais de 7.000%, enquanto todas as outras precisam de uma alta de, no mínimo, 1.500%. É muito improvável que essas ações venham a recuperar os patamares anteriores em breve – no longo prazo, é possível que se recuperem –, mas a própria inflação deve dificultar a existência de ganhos reais. Mesmo assim, muitos dos investidores pessoas físicas ainda se seguram aos papéis.

De acordo com o psiquiatra Paulo Sternick, isso pode ser explicado pela dificuldade que os investidores têm de desistir e de perceber que foram iludidos – algo que, embora seja a decisão mais lógica, é naturalmente doloroso. "O reconhecimento de que foi iludido e que se deixou iludir impede as decisões que seriam mais corretas. O ser humano não gosta de perder, aliás, é algo de que ele menos gosta. A dor da perda, já nos mostrou experimentalmente Daniel Kahnemann, o psicólogo que ganhou prêmio Nobel de Economia, supera o prazer do ganho", diz.

Ele destaca que vender as ações representa algo muito significativo para a maioria dos investidores, é um ato simbólico de realização de perdas. "Vender as ações é abrir mão do sonho e reconhecer o erro. Não é fácil largar uma idealização. Mas a situação é ainda mais complexa e paradoxal", diz. Eike Batista não parece ter sobre ele mesmo essa visão dos minoritários. Em entrevista ao *Wall*

Street Journal, destacou que o futuro mais provável para a OGX seria entregar aos credores – que queriam que ele honrasse uma promessa – a injeção de US$ 1 bilhão na empresa, que ele mesmo não demonstrou interesse em honrar.

Enquanto ele próprio não crê que a decisão mais sábia seja investir na OGX, milhares de minoritários continuam segurando suas posições na petrolífera do Grupo EBX. "O Eike ainda não entregou petróleo, nem lucros em suas empresas, mas levantou bilhões de reais de gente que nele acreditou. Os que permanecem com ações do grupo dele talvez tenham observado esse paradoxo e continuam apostando religiosamente na vitória final", salienta Sternick. Há uma diferença básica: enquanto os minoritários não veem uma saída melhor de um investimento que deu errado, Eike parece entender que a melhor forma de preservar sua fortuna seria encerrar o que está dando errado agora e começar novos empreendimentos – algo, aliás, que ele já fez mais de uma vez na vida.

A jornada do megaempresário

Se o megaempresário conseguiu convencer tanta gente no mercado, é porque sua narrativa criou uma espécie de mito ao seu redor – que encantou muita gente em um momento de típica euforia. Eike foi um excelente vendedor dele mesmo, sempre se descrevendo como um "empreendedor nato". Não é mentira que Eike tenha demonstrado gosto pela vida de empreendedor. Ele, ao longo de sua vida, teve diversas empresas nos mais diversos setores, da mineração ao ramo automobilístico, e se algumas deram certo, outras não se saíram tão bem assim. Esse passado e a personalidade colaboraram para que ele seduzisse tanta gente no mercado. Havia, inegavelmente, um charme na figura de Eike Batista, que conseguia cativar as pessoas por falar exatamente o que elas queriam ouvir naquele momento – enormes promessas de lucros, vindas de um rico empresário de uma das economias mais promissoras do planeta. E isso foi capaz de fazer muita gente esquecer as palavras de Bernardo Paz: "Até os 50 anos de idade, ele quebrou todas as empresas que teve"[39].

Eike tinha absoluta confiança e otimismo nos seus projetos – e os passava ao mercado sem medo. "São ativos à prova de idiotas", afirmou em mais de uma ocasião. Coincidentemente, essa é a definição das ações de empresas que Warren Buffett, o maior investidor da história, sempre buscou comprar, mas ele nunca se mostrou muito interessado em adquirir ações das empresas de Eike Batista. E mesmo não tendo atraído o melhor investidor, muita gente optou por investir nas ações de Eike e apostar no sucesso dos projetos do megaempresário. Quando eles começaram a fracassar, muitos desses investidores, que haviam sido iludidos, transformaram o amor que sentiam em ódio: e começaram a chamá-lo de maior golpista, como se tudo houvesse sido uma tentativa de roubar dinheiro do mercado.

Por mais controversa que essa jornada tenha sido, roubar não parece ser o caso. Como disse o próprio Eike Batista em uma carta enviada ao mercado, ele é o grande perdedor da história – começou a empreitada com mais de US$ 1 bilhão na conta bancária e terminará com menos que isso. É importante notar que o megaempresário tinha participações enormes nas suas próprias empresas, o que demonstrava que ele estava apostando pesado nele mesmo. O comum entre empresários que acabam de entrar na Bolsa de Valores norte-americana é vender a maior parte de suas empresas e manter uma posição minoritária – em uma estrutura de capital diluído o suficiente que permita a ele ser o controlador mesmo assim. É o caso de Mark Zuckerberg, que, após a abertura de capital do Facebook, passou a deter cerca de 20% das ações[40], e de Elon Musk – que chegou a ser citado como inspiração para Eike no meio da crise –, que tinha cerca de 10% de seu principal negócio, o PayPal. "Vai ver que ele achou que fosse ganhar muito dinheiro e, por isso, resolveu manter partes gigantescas. Não podemos esquecer que ele queria ser o homem mais rico do mundo

---

39 Entrevista ao Portal IG.
40 Fonte: Nasdaq.

em 2015, com US$ 100 bilhões. Então tinha esse lado narcisista dele", afirma Luiz Augusto Pacheco, analista da Inva Capital.

Durante todo esse período, sabia-se que os projetos de Eike eram realmente bons – ele vendeu boas promessas, principalmente no campo de infraestrutura. Na crise, foram os ativos de energia e logística que tiveram maior facilidade de ser vendidos, não os de *commodities*. Estes dificilmente seriam abandonados algum dia, já que as áreas da economia brasileira em que se encontravam são bastante críticas – havia sempre a possibilidade da entrada de novos sócios em cada uma das empresas ou a própria venda delas para outros grupos. Esse já foi o caso da MPX Energia, a primeira a mudar de mãos, sendo passada para o grupo alemão E.On em março de 2013. Atualmente, a empresa se chama Eneva. A LLX Logística também foi "vendida", para o Grupo EIG International, que não pagou nada a Eike, mas prometeu um aporte de capital que o transforma em acionista minoritário. A MMX também vendeu um importante ativo de logística: o Porto Sudeste, para os árabes do Mubadala e os holandeses do Trafigura, que livrou a mineradora do Grupo EBX de cerca de R$ 900 milhões em dívidas. O porto se transformou em uma empresa nova, chamada de Porto Sudeste do Brasil, da qual a MMX ainda possui uma parte.

Não faltaram rumores sobre acordos similares para outras empresas do grupo, como a OGX, que, especulou-se, poderia receber a entrada dos russos da Lukoil como sócios, dos malaios da Petronas – que compraram parte de dois campos de petróleo da companhia e rescindiram o contrato meses depois – ou dos noruegueses da Statoil, ou até mesmo de empresas que não eram do ramo do petróleo, como a gestora de fundos brasileira Vinci Partners. A venda de alguns ativos, porém, é sempre mais difícil que outros, principalmente se a "qualidade" desses ativos não é tão boa. Repassar a OGX para um sócio, por exemplo, seria muito difícil, já que a empresa era basicamente coletivo de concessões – muitas que deram errado – que retornariam para a Agência Nacional do Petróleo, Gás Natural e Biocombustível (ANP). Quando o grupo começou a se desfazer, em 2013, a imagem de Eike como Midas já estava completamente abalada. Mas como isso tinha se dado?

A grande tacada: a venda da MMX por US$ 7 bilhões

O começo do mito Eike Batista ocorreu em 2007. Até aquela época, o megaempresário era mais conhecido por ser filho de Eliezer Batista, que havia sido presidente da Vale quando ela era estatal, e ex-marido da modelo e atriz Luma de Oliveira, que causou rebuliço quando desfilou no carnaval usando uma coleira com o nome dele. Se era um virtual desconhecido no meio, Eike de repente era o "Midas" brasileiro no fim da década. O homem que transformava em riqueza tudo o que tocava – mas, nesse momento, apenas em riqueza virtual, o que lhe garantiu o apelido de "rei do PowerPoint". "Havia um sentimento de superioridade ao apostar nas ações das companhias de Eike Batista. No fundo, ele apareceu como um pai infalível, poderoso, espécie de Moisés que levaria todos à Terra Prometida da riqueza, da realização dos sonhos", acredita Paulo Sternick, psicanalista.

Eike entrou discretamente na Bovespa com a MMX, que havia sido concebida para ser sua miniVale, contando com três ativos, chamados de sistemas principais: Minas-Rio, Amapá e Corumbá. Era uma época de alta no mercado de *commodities* e, com o sucesso da Vale, apareciam cada vez mais grupos, nacionais ou internacionais, dispostos a investir no setor de mineração brasileiro. Enquanto alguns queriam começar projetos a partir do nada, outros desejavam usar "atalhos", comprando projetos promissores por outros grupos já iniciados. Eike se orgulhava de estar no primeiro grupo, de empreendedores que iniciavam novos projetos, mas nada o impedia de vender esses projetos.

Um desses grupos interessados no Brasil era a mineradora britânica Anglo American – que resolveu pegar o "atalho", comprando os ativos já iniciados da MMX, que ainda não produzia ou produzia pouco minério de ferro. Nada ajudou tanto a fortalecer o "mito" do que os cheques bilionários assinados pela mineradora britânica Anglo American, em 2007, para comprar dois dos três principais ativos da MMX, em uma operação que totalizou, de acordo com o próprio Eike, US$ 7 bilhões, passando a deter os sistemas Minas-Rio e Amapá. Foi nesse momento que o mercado começou a olhar para Eike com bons olhos. E, possivelmente, foram esses recursos que lhe permitiram aumentar os planos e começar a OGX. Ele mesmo compreendeu a importância da jogada. Em sua biografia, afirma que "bastou que os bilhões de dólares entrassem na história e o assombro foi geral. Da noite para o dia, todos passaram a entender o que eu dizia sobre a MMX".

A Anglo American, porém, não teve o sucesso imaginado por Eike, ao comprar os ativos: em 2013 ela foi obrigada a vender o sistema de Amapá e procurar sócios para o sistema de Minas-Rio, já que os custos cresciam cada vez mais. O negócio foi tão ruim para a companhia britânica que a presidente da companhia, Cynthia Caroll, deixou o cargo. O início do embarque de minério de ferro no sistema Minas-Rio foi atrasado de 2010 para 2014 e pode não ficar pronto antes de 2016. Anos mais tarde, a companhia decidiu processar Eike Batista[41], alegando que havia comprado gato por lebre. Pedindo uma indenização de cerca de R$ 2 bilhões, a mineradora estrangeira afirmava que o projeto era muito mais atrasado e complexo do que o prometido – o que atrasou o início da produção. Em um dos exemplos do que teria sido dito de maneira equivocada, a Anglo argumentava que Eike havia dito que cerca de 1.600 proprietários de terras no caminho do mineroduto já haviam concordado com a construção dessa estrutura, o que não era verdade, fazendo com que a mineradora tivesse que buscar acordos e atrasasse o início das obras.

Problemática ou não, a venda desses ativos talvez tenha sido um grande momento de definição para Eike até hoje: ele se desfez de ativos não tão bons assim, a um preço bastante atraente. Permitiu também que o megaempresário atraísse mais gente interessada em fazer parte do projeto da MMX, concebida para ser uma

---
41 Reportagem da revista *Exame*, edição 1.051.

"miniVale". A formação da MMX teve uma intenção clara: com a demanda cada vez maior por parte dos chineses por minério de ferro, uma mineradora nova poderia crescer no vácuo das grandes – como a própria Vale, a Rio Tinto e a BHP Billiton. Eike planejava dois diferenciais para a MMX: logística integrada e estar no Novo Mercado, o padrão máximo de governança corporativa da Bovespa. A companhia acreditava tanto que esses diferenciais eram importantes que a MMX se descrevia como "a única mineradora brasileira com logística integrada listada no Novo Mercado da BM&FBovespa". De fato, a Vale, principalmente por ser uma empresa mais antiga, não estava listada no Novo Mercado da Bovespa – mas isso não fazia dela uma empresa menos atrativa, ou que se importasse menos com os minoritários.

A logística, porém, era um diferencial interessante, principalmente em uma época em que as siderúrgicas, como a CSN e a Usiminas, investiam pesado em seus segmentos de mineração – por perceber que eles haviam se tornado mais rentáveis que o próprio segmento dos quais elas tinham se originado. A própria Vale sempre investiu muito nesse segmento, principalmente na gestão de Roger Agnelli. Eike via a construção dos portos de Açu e Sudeste como essenciais para que a MMX funcionasse: a operação de um porto permitiria a exportação de minério de ferro a um preço mais interessante. O projeto de mineração, portanto, começou a atrair investidores – fortalecendo a imagem de "Midas" de Eike.

A expulsão da Bolívia: o empresário que se volta ao Brasil

Se nessa época Eike era o Midas, o Brasil era o país do momento, dono de um futuro glorioso. Puxado pelos chineses, o ritmo de crescimento da economia era forte e o país enfrentou com sucesso a crise econômica de 2008. Eike soube capitalizar bastante com uma retórica extremamente nacionalista. Em sua biografia e em entrevistas, afirmava que investiria no Brasil por confiar no potencial do país. Era um discurso que casava com o que os investidores internacionais queriam ouvir – o que ajudou e muito para que Eike obtivesse uma excelente participação dessas pessoas em suas aberturas de capital.

Mas Eike Batista nem sempre se interessou tanto pelo Brasil – era apenas uma questão de aproveitar a excelente oportunidade de vender o país que estava na boca de todo mundo. O megaempresário passou boa parte da sua vida produtiva comandando uma multinacional com interesses em todos os cantos do mundo, a TVX – uma mineradora de ouro canadense da qual ele acabou se tornando dono em 1983 e que tinha ativos ao redor do mundo. Além disso, quase todas as empresas chegaram a ter projetos em outros países – a OGX tinha ganhado licitações na Colômbia, a MMX tinha projetos no Chile e a MPX iria construir uma termelétrica também no exterior. A AUX, sua mineradora de ouro, era composta de ativos na Colômbia. E bem no início de sua empreitada na Bovespa, Eike tentou construir uma usina siderúrgica na Bolívia, onde o custo da mão de obra é mais barato, e o aço sairia a um preço mais competitivo do que o brasileiro – siderúrgica essa que seria cliente da própria MMX. Não tinha como dar errado. Mas deu. Eike foi expulso do país pelo presidente Evo Morales ainda em 2006 – resultando em perdas de US$ 20 milhões. Era a primeira perda de Eike desde que havia começado o seu projeto na Bolsa de Valores. O clima pesou e Eike chegou a pensar que seria preso por lá. O governo boliviano alegava a falta de licença ambiental e questionava a região que a siderúrgica havia escolhido para se instalar – a fronteira entre os dois países. Uma lei do país falava que empresas estrangeiras não podiam se instalar nessas regiões. Eike havia chegado a construir altos-fornos por lá, vindo a empregar 900 bolivianos. Talvez pela promessa de empregos, os habitantes da região apoiaram o megaempresário brasileiro e chegaram a sequestrar três ministros do governo. Outras apostas de Eike no exterior também terminariam em fracasso: a MMX desistiu de seus ativos no Chile, a OGX nunca mais mencionou seus blocos exploratórios na Colômbia durante a crise, a MPX engavetou o projeto de térmica fora do país e a CCX, que era um grupo de minas de carvão na Colômbia, foi declarada economicamente inviável – levando Eike a vender as minas de carvão antes do início da operação. Por não ter capital aberto, o destino da AUX é mais difícil de saber: a empresa é garantia dos empréstimos que Eike havia tomado de um de seus principais sócios, o Mubadala, e pode acabar nas mãos dos árabes.

Mesmo com o pé em todos os cantos, era o Brasil o carro-chefe de suas operações. Eike sempre tentou justificar o investimento em suas empresas como um "investimento no Brasil" – principalmente quando a economia brasileira chamava a atenção de todo o mundo. Em diversas entrevistas, sempre disse que suas empresas atraíam os investidores estrangeiros para investir em ativos no Brasil e o escolhiam pela extrema transparência de governança de suas empresas e, talvez, mais do que ninguém naquela época, soube muito bem seduzir as pessoas a investirem no Brasil.

O melhor negócio do mundo: petróleo

Com a imagem de Midas consolidada e com o Brasil em alta para os investidores estrangeiros, Eike resolveu entrar no "melhor negócio do mundo", como ele mesmo destacou em sua biografia: petróleo. Nascia assim a OGX Petróleo & Gás Participações, o projeto mais importante da história do empresário – e que o tornou conhecido de vez pelo público. Assim como os Rockefeller, Batista também queria ser um "barão do petróleo". Com isso em mente, a OGX foi formada rapidamente em junho de 2007, para disputar a nona rodada de licitações da ANP, com um capital inicial de US$ 1,3 bilhão, que veio diretamente do bolso de Eike e de outros investidores qualificados, como o Ontario Teacher's Pension Plan – que era dono de 13,64% da companhia antes de sua abertura de capital[42]. Rodolfo Landim, chamado de braço direito do megaempresário, comandava a estruturação: trouxe executivos, principalmente da Petrobras[43], para formar uma miniatura da

---

42 Fonte: Prospecto de Ações.
43 Fonte: Prospecto de Ações.

estatal no Brasil – que almejava crescer tanto a ponto de ser a maior petrolífera do Brasil.

Assim, a miniPetrobras de Eike Batista tinha um objetivo só: ser uma petrolífera eficiente em um país que contava com uma gigante estatal, que Eike tinha para si como uma empresa ineficaz economicamente. Com o petróleo em alta (os contratos do tipo Brent atingiram sua máxima histórica poucos dias depois da abertura de capital) e com a descoberta de enormes campos de petróleo no pré-sal, o setor no Brasil era motivo de destaque. Sabia-se que a Petrobras estava próxima de anunciar o maior plano de investimentos de uma empresa no mundo e formava-se uma forte cadeia de fornecedores ao redor do que se acreditava ser o futuro do principal setor da economia mundial, com empresas como Sete Brasil e Lupatech. Na euforia, falava-se de o Brasil entrar para a Organização dos Países Exportadores de Petróleo (OPEP).

Com muito dinheiro e uma boa equipe técnica, houve um grande sucesso da OGX na rodada de concessões logo após sua fundação, arrematando diversos lotes e pagando um ágio significativo por muitos deles. Naquele leilão, a empresa de Eike Batista chegou a movimentar mais dinheiro do que a própria Petrobras. Para muitos, isso era como se a OGX quisesse provar algo para o mercado. Com isso, na abertura de capital a OGX já era a maior empresa privada em termos de área marítima de exploração no Brasil, com 21 concessões, sendo que seria a operadora de 14 delas. O próprio prospecto falava que a companhia já tinha identificado cerca de 20 bilhões de barris de óleo equivalente (em petróleo ou gás natural)[44]. E mais: a companhia destacava que tinha algumas áreas de concessões com baixo risco para o investidor, que já haviam sido previamente exploradas, e que a equipe exploratória da OGX era muito boa, com uma taxa de sucesso de 53%, o dobro da média nacional. Eike, onde quer que fosse, não perdia a oportunidade de ressaltar sua extrema confiança em gerar valor para os minoritários da petrolífera. Chegou a prometer, inclusive, a venda de uma participação relevante da empresa, o que nunca se concretizou, mas teria grande impacto

---

44 Estimativas médias.

nas ações. "Não percam a oportunidade de comprar essa ação, porque, no dia em que a gente anunciar esse negócio, o papel vai duplicar de valor", disse em programa de internet da corretora XP Investimentos.

O otimismo que se criava em torno da abertura de capital e dos meses subsequentes apontava para um fabuloso sucesso para a petrolífera de Eike – e ele mesmo era provavelmente a voz mais ativa nesse processo. "A história do petróleo brasileiro vale US$ 1 trilhão. E está logo embaixo do nosso nariz", disse Eike em um programa da TV norte-americana chamado *60 Seconds*, um dos mais assistidos daquele país. Para o Brasil, Eike via um futuro glorioso. "Em oito anos estaremos produzindo 6 milhões de barris de petróleo por dia, o que nos tornará o terceiro ou quarto maior produtor do mundo", afirmou nessa mesma entrevista. A OGX, garantia ele, seria uma gigante nesse futuro: aproveitaria a abundância de petróleo no Brasil e se tornaria uma Petrobras "eficiente", capaz de ser responsável por um terço da produção nacional no término desse período, produzindo cerca de 2 milhões de barris.

Menos de um ano depois da abertura de capital, Eike já chamava a OGX de "sucesso" publicamente, mesmo ainda não tendo extraído uma única gota de petróleo do oceano. "Tudo isso permite antever um dos maiores êxitos de que se tem notícia no mundo de negócios", escreveu em sua biografia. Errou: a petrolífera fundada por ele, na verdade, se tornou o epicentro da queda do empresário, a parte mais triste dessa história. Mas ninguém podia acusar o controlador da empresa de falta de confiança.

OSX, a Embraer dos sete mares

O otimismo com a indústria de petróleo não poderia se restringir somente à futura produção do óleo negro através da OGX. Eike previu que haveria uma enorme demanda por produtos associados à indústria do petróleo, como navios petroleiros e plataformas. Isso motivou a criação da OSX Brasil, que Eike chamou diversas vezes de "Embraer dos mares", em referência à empresa brasileira que produz aviões. A nova empresa seria a principal fornecedora de equipamentos para a OGX, praticamente seu único cliente. Assim, Eike controlaria tanto a produção de equipamentos como a de petróleo, por ter negócios integrados uns aos outros, conseguiria ter uma margem de lucro superior, um modelo de negócios que Eike acreditava ser bastante importante, dizendo que se não fizesse assim, teria que entregar boa parte dos ganhos para outro empresário.

Otimismo similar teve a Lupatech, que também se viu em uma situação tão complicada quanto o Grupo EBX em 2013, por acreditar demais na demanda. A causa, porém, foi distinta: se a Lupatech esperava uma demanda gigantesca por parte da Petrobras, que veio a anunciar o maior plano de investimentos do mundo para exploração do pré-sal, Eike esperava que a OGX fosse a grande cliente da OSX. Na época do IPO da OSX, era esperada a demanda de 48 unidades de produção para a OGX nos 10 anos seguintes[45]. A companhia iria iniciar a produção de um estaleiro no Porto do Açu, da LLX, e arrendar os navios e plataformas que fossem demandados antes que a companhia estivesse construindo efetivamente. Para capacitar os trabalhadores da empresa, Eike iria inclusive montar um centro de excelência de construção naval no Brasil: o ITN, o Instituto de Tecnologia Naval, inspirado no ITA, Instituto de Tecnologia Aérea, uma das grandes parcerias da Embraer.

Em 2013, quando o sonho já estava ruindo, apenas dois navios estavam operacionais: OSX-1, que produzia petróleo no campo de Tubarão Azul, e OSX-3, que desempenhava a mesma função em Tubarão Martelo. Outras tantas encomendas já haviam sido canceladas. Isso não estava muito longe das estimativas da companhia, já que o estaleiro só conseguiria, nos planos iniciais, terminar a produção das primeiras unidades de produção próprias no último trimestre de 2013. Mas o futuro da OGX já estava posto em dúvida definitivamente e, junto com isso, toda a demanda esperada para a OSX no futuro. Isso havia "amarrado" as companhias umas às outras.

---
45 Fonte: Prospecto de ações.

A petrolífera mais certeira do mundo ou a mais otimista?

De acordo com o otimismo incontrolável de Eike e dos minoritários, encontrar petróleo era uma questão de tempo e seria também um tíquete de loteria sem precedentes, a chave para uma fortuna "criada do zero". Havia já na época da abertura de capital a percepção de que a OGX seria a empresa que transformaria Eike no homem mais rico do mundo, enriquecendo muita gente junto com ele. "As pessoas foram induzidas a colocar muito dinheiro no seu projeto, havia muito otimismo. Mas, ao mesmo tempo, não podem dizer que não foram alertadas, já que o prospecto falava dos riscos que a empresa tinha", avisa Maurício Pedrosa, sócio responsável pelas operações de renda variável da Global Equity. Uma das poucas casas de recomendação que atentaram para os riscos foi o JPMorgan, que tinha recomendação *underweight* para as ações ao iniciar a sua cobertura – citando que o mercado não estava vendo os riscos. Ela, porém, seria depois hipnotizada pelo excelente fluxo de boas notícias que a OGX soltava em sua campanha exploratória, e, mais tarde, veio também a recomendar as ações, a despeito do risco de a produção não se concretizar.

Mesmo com esses riscos bem delineados desde o começo, havia uma euforia que acompanhava Eike conforme o investidor escalava o *ranking* de bilionários da *Forbes* – todos queriam estar ao lado do ídolo, que passava a chamar cada vez mais atenção. Essa euforia era inflada "oficialmente" pela própria companhia, que durante sua campanha exploratória soltou 105 comunicados ao mercado[46] detalhando o avanço em cada poço, muitos deles com uma linguagem ufanista e eufórica. Eram comunicados que detalhavam cada nova informação sobre os poços e, via de regra, tinham o poder de fazer as ações responderem bem na Bovespa. "Otimismo não é crime, mas faltou alguém nessa época chamar a atenção para os riscos que a empresa possuía, que tanto eram reais que acabaram se concretizando no final", diz Pedrosa.

---

46 Fonte: CVM.

Muito dessa confiança vinha do corpo executivo da empresa, que era chamado de *dream team* por Eike. Vindos da Petrobras, muitos executivos eram técnicos excelentes – mas que tinham medo de confrontar o chefe, que demandava notícias boas com frequência e se irritava com as ruins. Talvez o executivo que melhor tenha exemplificado esse otimismo que contagiava o mercado seja Paulo Mendonça, que, na época da abertura de capital, era diretor de exploração e produção, mas chegou a ser diretor-presidente da companhia, com as saídas de Francisco Gros e de Rodolfo Landim dos cargos e do grupo. Em 2013, mais de um ano depois da saída do executivo da empresa, a OGX mandou um comunicado à CVM dizendo que diversas declarações de Eike a respeito das reservas nos primeiros anos da companhia tinham sido feitas por acreditar em informações dadas pelo diretor de produção, ou seja, Mendonça. Encontrava-se, assim, um bode expiatório para o excesso de otimismo. "Acho que o pessoal passava um cenário para o Eike e ele tinha dificuldade em se manter quieto. E falava demais por não entender do assunto", diz Luiz Augusto Pacheco, analista da Inva Capital.

Tirando Eike, Mendonça talvez tenha sido a grande face do otimismo da OGX publicamente, por um período. Já como presidente da companhia chegou a afirmar, em entrevista ao portal Exame.com, que a petrolífera era a mais certeira do mundo – e que o sucesso era só uma questão de tempo. E assumiu que era a fonte das perspectivas de sucesso. "O otimismo do Eike não é dele. Nós é que passamos esse otimismo. Eu não estou otimista com esse projeto, estou encantado. Eu levo o Eike a ser entusiasta porque acredito nessa empresa", disse o executivo na época. A entrevista coincidiu com o período em que as ações despencavam na Bovespa em reflexo a um relatório de reservas da DeGolyer & MacNaughton, que, nas palavras de Mendonça, era "conservador" – e não refletia a realidade da empresa. Com apenas essas palavras, Mendonça ajudou a ação a operar em alta já naquele pregão. E essa vontade de mostrar que o futuro era maravilhoso não se restringia a Eike e Mendonça: a própria empresa usava palavras muito assertivas em seus comunicados ao mercado, dando como praticamente certas as suas projeções, como se nada a impedisse de atingir seus objetivos.

Foi só anos mais tarde, quando as coisas começaram a dar errado, que a política de comunicação da OGX foi alterada e ela passou a ser mais contida em relação ao que divulgava ou não – uma medida que tentava reconquistar a abatida credibilidade da empresa. O presidente que substituiu Mendonça, demitido em 2012, Luiz Eduardo Carneiro, era mais discreto que seu predecessor – e falava do sucesso da companhia de maneira mais realista. Já o próprio Eike viria a se lamentar do seu "azar", posteriormente, em entrevista ao *Wall Street Journal*, além de se dizer iludido pelos seus principais executivos. "Eu acreditei nisso [na OGX e no setor de petróleo]. Vivendo em um país em que há essas descobertas de petróleo gigantescas, por que eu não poderia ter sido abençoado com uma delas?", disse. A confiança foi tanta, que o fez cometer alguns erros de execução.

Os relatórios otimistas ou enviesados?

Uma das maiores fontes de otimismo para o setor de petróleo brasileiro eram as enormes reservas que estavam sendo descobertas no país dia sim, dia não. A própria OGX declarava ter uma "reserva" gigantesca de petróleo e contratou a consultoria DeGolyer & MacNaughton para avaliar quanto petróleo havia para se extrair. E depois de receber o último relatório, em abril de 2011, a companhia declarou ter "recursos potenciais" de 10,8 bilhões de barris de óleo equivalente (que conta tanto petróleo quanto gás natural), ajudando a aumentar a confiança do mercado no projeto da petrolífera de Eike Batista. "Nós, analistas, temos que acreditar nas projeções da empresa. Lembro-me de que fiz um estudo grande usando o relatório da DeGolyer, que indicava a possibilidade de 10 bilhões de barris de petróleo de reserva. Aquilo era bastante coisa, e jogando em qualquer modelo dava um *valuation* bem grande", destaca Luiz Augusto Pacheco, analista da gestora Inva Capital. Uma reserva de 10 bilhões de barris ao preço de US$ 80 por barril, quantia usada pela companhia em seus cálculos, fazia com que as reservas da empresa atingissem o valor de US$ 800 bilhões – portanto, quase um trilhão de dólares. Essa, entretanto, era uma estimativa conservadora: o petróleo é uma *commodity* muito demandada e o preço, antes da crise de 2008, estava em franca ascensão com o aumento da demanda, principalmente chinesa. Caso a pujança econômica mundial fosse retomada, muita gente no mercado acreditava que um barril poderia alcançar o valor de US$ 150 ou até mesmo US$ 200.

A história era empolgante, se não fosse otimista demais. Uma leitura mais cuidadosa do relatório de 2011 mostra que a OGX não tinha uma reserva de 10 bilhões de barris. A quantidade, na verdade, poderia ser muito menor: 102 milhões de barris. Os 10 bilhões só seriam alcançados com uma leitura muito otimista do relatório. No jargão da D&M, o termo reserva só se aplica para acumulações que não possuem apenas avaliações geológicas, mas também sobre a viabilidade comercial da exploração desse petróleo. A D&M nunca usou a palavra "reserva" em relatório sobre a OGX.

O petróleo da OGX, portanto, ou entrava na classificação de "recursos contingentes" ou na de "recursos prospectivos". A primeira classificação contabilizava a maior parte dos recursos estimados pela companhia e diz respeito a reservatórios em que poços já tenham sido perfurados e tenha sido encontrado petróleo de fato. Porém, o relatório não dá o número exato de petróleo que existe nos poços furados nessa primeira classificação, dá três estimativas: 1C, a mais conservadora, 2C, a intermediária, e 3C, a mais otimista. Elas variam quanto ao tamanho do reservatório: cada número significa um raio maior, a partir do poço perfurado, onde se estima haver petróleo.

No caso da projeção 1C para a exploração da OGX na Bacia de Campos – a única região onde a OGX já havia obtido resultados concretos de perfuração de poços – os números estimados eram de apenas 102 milhões de barris, enquanto a escala 2C mostrava uma estimativa de 667 milhões, e a mais otimista, 2,995 bilhões de barris, que fora escolhida para as projeções oficiais da companhia.

Além do mais, a OGX ainda somou 1,3 bilhão de barris de recursos estimados em "áreas de delineação", que ficavam próximo àquelas onde já existiriam esses "recursos contingentes", o que na prática significava que a empresa estava criando uma classificação 4C por conta própria.

Foi adicionado 1,4 bilhão de barris na classificação de "recursos prospectivos" na Bacia de Campos – apesar do aviso da D&M de que esses valores não poderiam ser somados pela natureza da exploração: essa classificação contabiliza as estimativas recebidas por testes sísmicos e não através de poços perfurados, o que traz um nível de incerteza muito diferenciado em relação aos próprios "recursos contingentes". Fora da Bacia de Campos, a companhia só tinha "recursos prospectivos": 1 bilhão de barris de óleo equivalente na Bacia de Parnaíba, onde a extração era de gás natural; 1,1 bilhão de barris na Colômbia; 1,8 bilhão de barris na Bacia de Santos; 800 milhões no Espírito Santo; e 400 milhões na Bacia de Pará-Maranhão, totalizando os 5,1 bilhões de barris restantes. Com isso, a OGX fechou a conta em mais de 10 bilhões de barris de óleo equivalente, que era considerado o seu "cenário-base" – embora os números utilizados tenham sido os mais otimistas possíveis.

Para se ter uma noção de quão grande eram essas estimativas, o Brasil só tem uma reserva de 15,3 bilhões de barris provada até hoje, de acordo com números da BP – embora o número tenda a crescer bastante nos próximos anos. Talvez pela crueza dos números do relatório da D&M, o mercado mostrou um pouco de ceticismo com as ações da OGX naquela semana – com uma queda superior a 20%. Paulo Mendonça, na época presidente da petrolífera, usou sua entrevista na Exame.com para criticar o relatório: chamou-o de "conservador" e disse que Eike o chamava de Benjamin Button, pois já havia nascido velho – sem contabilizar as recentes descobertas.

Um corpo técnico contratado a peso de ouro

Mendonça era um dos talentos que a petrolífera havia importado da Petrobras. A julgar pelo que a OGX falava dele no prospecto, o executivo era bom no que fazia: a companhia destacava que ele havia sido responsável por encontrar 9 bilhões de barris de petróleo nos anos anteriores à sua ida para a OGX. Entre o corpo técnico da OGX, Mendonça era uma espécie de queridinho de Eike, que destacava que ele era "diferenciado, fora da curva", em sua biografia. Ele era apenas um dos diversos executivos que Eike havia "importado" de empresas já estabelecidas no setor, principalmente da Petrobras. Essa era uma prática já na MMX, a primeira que Eike levou à Bolsa. Dos 100 primeiros funcionários da MMX, 90 eram ou haviam passado pela Vale[47]. A começar por Eliezer Batista, seu pai, que havia comandado a empresa por duas vezes, nas décadas de 1960 e 1970, e fora o idealizador de seu maior projeto, Carajás, no Pará. No Conselho também contava com Samir Zraick, um dos principais executivos da mineradora na década de 1970, e que foi um dos líderes da empresa no início.

Na época da abertura do capital, três dos sete executivos da diretoria da companhia haviam passado pela Vale: Dalton José, diretor de operações, Joaquim Martino Ferreira, diretor de mineração, e Ricardo Antunes Carneiro Neto, que assumia o cargo de diretor de projetos. Os demais diretores assumiam funções que não eram específicas de uma mineradora: Luiz Rodolfo Landim, cofundador da MMX e posteriormente da OGX, era diretor-geral da companhia, enquanto Rudolph Ihns assumia o cargo de diretor financeiro e de relações com investidores, ao passo que Paulo Carvalho de Gouvêa assumia a diretoria jurídica e Adriano José Negreiros Vaz Netto era diretor administrativo.

De acordo com informações da mídia, na época, para contratar o corpo técnico da MMX, Eike ofereceu um aumento salarial de 25% mais bônus de até 70 milhões de dólares em ações da MMX. "Alardear que está contratando gente nossa para dar à MMX

---

47 Fonte: Revista *Veja*.

a credencial, a experiência e a tradição da Vale beira o limite da ética. O que eles vendem, por enquanto, é sonho. A Vale tem reservas comprovadas para mais de 200 anos", alertou José Carlos Martins, que ocupava o cargo de diretor executivo de metais ferrosos da Vale no ano de 2007, em entrevista à revista *Exame*.

O mesmo esquema repetiu-se para a OGX, que, na época da abertura do capital, contava com três ex-membros da Petrobras em sua diretoria: Landim, que fundou a empresa junto com Eike e tinha tido uma carreira de 26 anos na Petrobras, chegando a ser CEO (*chief executive officer*) da Petrobras Distribuidora, e o próprio Mendonça, funcionário da petrolífera estatal por 30 anos, chegando ao posto de gerente executivo de Exploração da companhia. Havia também Reinaldo Belotti, que assumia como diretor de Produção e Desenvolvimento – depois de 31 anos na estatal. Além disso, no Conselho de Administração, destaque para Francisco Gros, que havia sido presidente da petrolífera em 2002 e 2003.

Na MPX, chamava atenção a presença de Eduardo Karrer como diretor-presidente, com longa experiência na Petrobras; de Marcus Temke, também ligado ao setor gás-químico e que assumiu a diretoria de implantação e operações; e de Xisto Vieira Filho, que havia sido secretário nacional de energia, diretor da Eletrobras e diretor-geral do Centro de Pesquisas de Energia Elétrica (Cepel), assumindo a diretoria de comercialização de energia e regulação. Landim, que também havia tido experiência na Eletrobras antes de ir para a Petrobras, assumiu uma das cadeiras do Conselho. Foi também o executivo que cofundou a OSX e assumiu como primeiro diretor-presidente da companhia. Para completar o corpo técnico, foram contratados Eduardo Costa Vaz Musa, que havia tido uma carreira de 30 anos na Petrobras, sendo responsável pela gerência de empreendimentos para construir e implementar instalações *offshore*, e Luiz Eduardo Guimarães Carneiro, que também foi, por 30 anos, funcionário da estatal, chegando a ocupar o cargo de gerente executivo de Exploração & Produção. Outras duas diretorias existiam: a diretoria financeira e a jurídica, que não precisavam de gente especializada no setor. Com um corpo técnico contratado a peso de ouro e motivado com gordos planos de opções sobre ações, havia quem acreditasse que teria caminho fácil para o sucesso.

Uma briga com o seu principal executivo... que foi parar na justiça

Se a vontade de ganhar dinheiro atraiu muitos investidores, também foi o principal motivo que trouxe vários desses executivos. Na época em que deixou a BR Distribuidora, Landim, descrito por muitos como uma máquina incansável, era um dos principais executivos da Petrobras e gozava de prestígio até mesmo com a futura presidente Dilma Rousseff, que havia sido ministra de Minas e Energia. E o fez, provavelmente, por achar que conseguiria mais dinheiro no setor privado. E ganhou.

Muito do que se tornou o Grupo EBX na Bolsa de Valores se deve a Landim. Ele e Eike começaram a parceria em 2006, em um voo para os Estados Unidos – quando Landim contou de seu projeto, criar uma miniPetrobras, aproveitando-se dos frequentes leilões de concessões que a ANP vinha promovendo. No ato, Eike chamou Landim para trabalhar no grupo e, em pouquíssimo tempo, ele já era o principal executivo do EBX.

Outra parte importante da história também aconteceu em um avião. Em 2006, Landim e Eike voltavam de Londres, onde os dois haviam participado de um *roadshow*, isto é, uma reunião com investidores para apresentar a empresa. Eike, empolgado, escreveu um bilhete para Landim em que prometia mundos e fundos para seu braço direito: "Gostaria de convidá-lo a fazer parte da minha *holding*; como cavaleiro da 'távola do sol eterno', fiel guerreiro e escudeiro, um grande amigo! Em vez de uma bela espada, você receberá 1% da holding mais 0,5% das minhas ações da MMX". Uma promessa e tanto. Mas quando a fase de estruturação do grupo estava para terminar, com quase todas as empresas já em Bolsa, Eike e Landim começaram a se desentender. Isso ocorreu no primeiro trimestre de 2009, quando as ações despencavam na Bovespa, fruto da crise de 2008. Eike resolveu culpar um "desalinhamento" entre riscos do investidor e a política de ganhos dos principais funcionários das companhias, praticamente pedindo, de forma indireta, que os executivos abrissem mão de suas ações. Na prática, Eike culpava seus executivos pela crise de 2008 – que era o fator que fazia praticamente todos os papéis listados na Bovespa despencar. Isso provocou a ira de muita gente dentro do EBX, fazendo com que vários nomes de peso saíssem do grupo.

Landim ficou algum tempo mais, porém saiu do grupo no final de abril de 2010. Eike fez questão de dizer publicamente quanto Landim ganhou durante o período em que trabalhou para o EBX, nos mínimos detalhes: R$ 165.628.144, já descontados os bônus cancelados por "resultados ruins". Logo após essa "despedida", Landim resolveu acioná-lo na justiça por não cumprir com a promessa feita no bilhete. Na corte, a defesa de Eike assumiu que o bilhete havia sido apenas um "devaneio" do megaempresário, argumento vitorioso em primeira instância – embora a disputa ainda esteja tramitando. Capitalizado, Landim resolveu montar sua própria petrolífera, a Ouro Preto, que, ironicamente, pode vir a assumir algumas concessões que a OGX ganhou e das quais posteriormente desistiu.

A cadeira quente dos executivos do Grupo EBX: Eike, o polvo

Landim não foi o primeiro nem o último dos grandes nomes a deixar o Grupo EBX. Para se ter ideia da rotatividade das empresas comandadas por Eike em relação às suas principais lideranças, das cinco empresas de capital aberto que ele tinha no início de 2012, quatro delas mudaram de diretor-presidente até 2013. Dos cinco executivos que ocupavam a principal cadeira de cada uma das empresas, apenas Eduardo Karrer não foi demitido por Eike – não de forma definitiva, já que a empresa em que trabalhava, a MPX, foi vendida para a E.On.

Nos tempos de crise, a saída de um executivo importante do EBX não era uma notícia incomum, inclusive de gente que trabalhou no grupo por anos. Até o próprio Eike brincou com isso. "Toda semana sai um braço direito meu, eu devo ser um polvo", disse no programa *Manhattan Connection*, da Globo News. De acordo com o testemunho de alguns ex-executivos do Grupo EBX, não era fácil trabalhar para Eike Batista – há relatos de que ele é um chefe que demandava uma empolgação sem par quando as coisas iam bem e que se mostrava um carrasco quando a maré não estava favorável, sendo que a própria história com Landim provava isso: no primeiro sinal de revés que Eike encontrou, ele decidiu que iria rever a política de remuneração de seus principais executivos. Não é algo que todo funcionário deseje.

Mendonça é um dos ex-executivos que não devem ter uma memória feliz de seus últimos dias no Grupo EBX. Poucos dias depois do fatídico 25 de junho de 2012, Mendonça foi afastado da presidência da OGX. Permaneceu como conselheiro e consultor por mais de um mês, mas saiu logo depois – e passou a ser creditado como o homem que "inflou" as expectativas acima do que era possível, até mesmo pela própria empresa. A impressão é de que Eike e a OGX procuravam um bode expiatório para os eventos de 2012. Seu sucessor, Luiz Eduardo Carneiro, também não durou muito na cadeira da OGX. Em outubro de 2013 foi substituído por Paulo Amaral, homem de confiança de Ricardo Knoepfelmacher, que na época tocava o processo de reestruturação da petrolífera. A saída do executivo, acredita-se, teria sido uma exigência para que investidores viessem a injetar mais capital para a empresa ganhar alguma sobrevida.

Junho de 2012: o início da queda

Nenhum evento foi tão importante em determinar que as coisas não iam bem para o Grupo EBX quanto o comunicado de produção de 25 junho de 2012: ao contrário do fluxo esperado de cerca de 20 mil barris de petróleo por dia, a companhia estava produzindo apenas 10 mil – 5 mil de cada um dos poços instalados em Tubarão Azul, o que prejudicava toda a avaliação a respeito da companhia por parte do mercado. Essa notícia foi um dos maiores eventos para a empresa desde o início: fez a ação despencar cerca de 25% no pregão seguinte. Já no fim daquele dia, Eike era "apenas" o 42º homem mais rico do mundo. O evento foi tão importante que a empresa convocou uma teleconferência com o mercado para tentar explicar a situação. Nessa teleconferência, o próprio Eike, junto com Paulo Mendonça, na época presidente da companhia, e Paulo Monteiro, que ocupava a diretoria financeira, vieram afirmar que os números não prejudicavam a companhia – eram naturais. "A produtividade dos poços não está abaixo do esperado, mas precisamos injetar água para manter níveis aceitáveis", afirmou Mendonça, lembrando-se de uma das técnicas que haviam sido prometidas para aumentar a produtividade dos poços – e que nunca conseguiram realizar uma mudança significativa. Mas não adiantou, foi esse evento que marcou a mudança.

Analistas de mercado começaram a ficar céticos com a companhia depois desse dia. "Acreditamos que o baixo nível de produção em relação às expectativas coloca em dúvida todas as premissas por trás de todo o programa de crescimento da OGX", escreveram Frank McGann e Conrado Vegner, que na época formavam a equipe de análise do Bank of America Merrill Lynch, em relatório logo após o incidente. "Até em relação às nossas expectativas, que têm estado consistentemente entre as mais conservadoras, o anúncio é um grande choque. Vemos isso como um grande desapontamento, que provavelmente terá um longo efeito quanto às avaliações feitas sobre a OGX", completaram – cortando a estimativa de preço das ações de R$ 19,50 para R$ 7,50. Um ano depois, a estimativa desses mesmos analistas já estava em R$ 0,10.

Toda essa movimentação fez com que a companhia declarasse que o mercado estava vendo a situação de maneira errada. A produção de 10 mil barris por poço, na verdade, seria após a utilização das técnicas. Um dos poucos bancos a continuarem recomendando a OGX depois desse evento foi o HSBC, que publicou um relatório logo depois contrariando a maioria dos analistas, ao afirmar que o risco era inerente ao setor de petróleo e gás e que o histórico de exploração da companhia, até aquele momento, era bom e dava crédito à petrolífera de Eike.

Infelizmente, a maioria acertou – Tubarão Azul nunca mostrou uma quantidade adequada de produção, mesmo depois da instalação do terceiro poço, em janeiro de 2013. Durante o tempo em que foi explorado pela OGX, o campo foi marcado por problemas operacionais – principalmente com as bombas instaladas nos poços –, tornando-se um grande desapontamento. No início de julho de 2013, o golpe fatal: a companhia anunciou que desistia de seu único campo produtivo e que cessaria as atividades em 2014, abrindo mão dos campos de Tubarão Tigre, Tubarão Gato e Tubarão Areia, adjacentes à região onde a OGX optou por começar a produzir petróleo.

Um erro simples: financiar uma petrolífera com dívidas

Possivelmente o mais visível dos erros de Eike tenha sido alavancar-se demais. Após alcançar sucesso na fase exploratória, a OGX de Eike optou por um novo tipo de financiamento para a produção: dívidas. A companhia praticamente não devia nada para ninguém no início de 2012, mas um ano depois, e já com alguma produção de petróleo, contava com dívidas já tidas como impagáveis, em US$ 3,6 bilhões. Nesse período, a nota de crédito da companhia despencou: na Standard & Poor's ela caiu de "B" para "D", o que significava uma empresa já em moratória, em menos de um ano. A perspectiva era de que a companhia declarasse que não iria pagar a dívida de US$ 3,6 bilhões – o que se tornaria o maior calote da história da América Latina.

Certamente, um dos setores mais arriscados da economia é o de petróleo e gás. É possível que não se encontre petróleo algum – o que não foi o caso da OGX – e é necessário muito dinheiro para começar a produção. E os problemas operacionais na hora de extrair petróleo podem fazer com que a empresa volte à estaca zero do dia para a noite – o que acabou acontecendo com a OGX após julho de 2012. A produção fraca faz com que a companhia não conseguisse gerar caixa suficiente para pagar as dívidas e seus juros. A única saída seria a injeção de mais capital na companhia – fosse de Eike ou de algum outro grupo. "A perspectiva para o *rating* poderá ser alterada para estável após uma entrada de caixa externa significativa, que poderá aliviar a esperada pressão de liquidez para os próximos trimestres", escreveu a analista Renata Loffi, da Standard & Poor's, em agosto de 2013. Com isso, a companhia iniciou um demorado processo de reestruturação da dívida, para poder evitar uma recuperação judicial ou falência.

Por meses, aumentar a produção em Tubarão Azul foi prioridade número um da OGX para conseguir pagar as dívidas – a companhia tinha dois poços instalados em 2012 e instalou mais um no início de 2013, que não conseguiu mostrar nenhuma melhora. Em julho de 2012, a S&P projetava que a companhia atingiria uma média de produção de 40 mil barris de petróleo por dia em 2013[48] e, como isso não ocorreu, as perspectivas para as dívidas da companhia só pioraram ao longo do ano. O fracasso de Tubarão Azul obrigou a companhia a ter de focar suas esperanças no campo de Tubarão Martelo, e tudo isso já enfrentando o processo de reestruturação da dívida. Sem produção, o pagamento das dívidas só podia ser realizado com novos endividamentos ou com novos investimentos por parte dos grandes acionistas da companhia, dos quais o Grupo EBX era o único. Mas isso só ocorreu pelo fato de que a produção havia sido decepcionante. "Talvez o erro tenha sido ter se endividado em cima das projeções deles mesmos. Como não entregaram o resultado, não havia fluxo de caixa para pagar", afirma Luiz Augusto Pacheco, da gestora Inva Capital – uma das pessoas que mais acompanharam o caso no Brasil.

Empresas com produção já estabelecida, como a Petrobras ou a Vale, conseguem mitigar esse risco e veem suas notas de crédito mais estáveis que as de empresas baseadas apenas em perspectivas, como as de Eike. Na prática, usam sua produção corrente para pagar os juros e o capital arrecadado com a dívida para financiar o aumento de produção – gerando um ciclo virtuoso, se tudo sair de acordo com o plano. A OGX nunca conseguiu entrar nesse tipo de ciclo, permanecendo em uma fase negativa: as despesas torravam o caixa

---
48 Fonte: Relatório da agência.

e obrigavam a companhia a se endividar cada vez mais. A solução para o caixa, porém, já tinha sido encontrada: o compromisso de Eike Batista de injetar US$ 1 bilhão quando a companhia assim pedisse, através da concessão de uma opção de venda de ações, para ele mesmo.

A história controversa da "promessa" de US$ 1 bilhão

Talvez nenhuma história a respeito de Eike Batista tenha sido tão controversa quanto esse compromisso firmado com a OGX, de injetar US$ 1 bilhão quando a "companhia", um termo muito amplo, assim desejasse. A promessa, feita no dia 24 de outubro de 2012, foi realizada já no meio da crise – embora, para muitos, ela estivesse apenas no começo. Com isso, Eike pretendia restabelecer a confiança do mercado em suas empresas e fazer com que as ações voltassem a subir, já que o problema de caixa da companhia estaria resolvido. "Ao conceder essa opção, enfatizo a minha confiança na qualidade do corpo técnico e em ativos da companhia, bem como nas novas oportunidades que o setor de óleo e gás oferece à OGX", comentou Eike.

Houve quem acreditasse depois desse acordo que as ações da OGX dispararia 30% no pregão seguinte, mas elas subiram apenas 2,59%, para R$ 4,75. Um mês depois do anúncio, acumulavam queda de cerca de 10%. Aparentemente, a tentativa de resolver o problema não havia funcionado: o mercado continuava bastante preocupado com o andamento da companhia nos próximos meses. Foi inclusive nessa época que a maioria das corretoras parou de recomendar as ações da OGX para os seus clientes – mostrando-se cada vez mais desconfiadas com o andamento da petrolífera de Eike.

O contrato da "promessa" era bastante simples: caso a empresa precisasse de dinheiro e não houvesse forma melhor de capitalização, determinada pelos membros independentes do Conselho de Administração, a empresa poderia pedir o US$ 1 bilhão de Eike. Um contrato similar já havia sido assinado com a OSX – e já cumprido, em partes, por Eike Batista. Ao pedir o bilhão, a empresa subscreveria novas ações e Eike as compraria por R$ 6,30, totalizando o valor previsto. Então Eike aumentaria sua posição acionária, diluindo os minoritários. Isso não seria um problema se resultasse na continuação da operação da OGX. Assim como a da OSX, essa *put* poderia ser exercida aos poucos, apenas para cobrir pequenas necessidades eventuais da petrolífera.

A questão debatida logo depois da concessão era se as ações da OGX estavam limitadas pelo preço que Eike se comprometeu a pagar pelas ações, os R$ 6,30, ou se deveriam ver aquilo como um piso, já que seria um patamar em que Eike acreditava que a ação estaria barata e pagaria por isso. Na época, boa parte das pessoas ligadas ao mercado concordou com a teoria do piso, já que aos R$ 6,30 a ação já tinha apresentado uma espetacular queda de mais de 75% desde o seu topo histórico, aos R$ 23,39, em 2010. Mas mesmo elas não pagavam esse valor pelas ações da empresa.

O fato é que o acordo foi avaliado como positivo brevemente e pode ter ajudado a segurar as cotações por algum tempo – até que a empresa começasse a produção do seu terceiro poço no campo de Tubarão Azul, o que foi visto como motivo para otimismo temporariamente. O problema é que a crise logo depois se acentuou bastante e a situação ficou insustentável para a petrolífera de Eike Batista. A sua fortuna decaiu bastante e, endividado, seu patrimônio líquido era cada vez menor. Na época, quando se começou a falar sobre o exercício da *put*, a Bloomberg estimava que Eike só tinha US$ 200 milhões, desconsiderando dívidas e obrigações assumidas, enquanto a *Forbes* estimava em US$ 900 milhões. Sendo uma obrigação assinada, a *put* já estava incluída nesse cálculo. Seria, então, seu último bilhão de dólares.

Com a empresa sofrendo cada vez mais de problemas de caixa, uma pergunta começou a ser levantada no mercado: Eike daria seu último bilhão para resgatar a empresa ou a deixaria à sua própria sorte? Por um momento, pareceu que sim. A companhia finalmente exerceu a *put*, no início de setembro, causando euforia no mercado de capitais. A alegria, porém, durou pouco: em poucos dias, Eike mandou uma carta para a companhia dizendo que contestaria a *put* em uma corte arbitral. Sua alegação era de que a diretoria da companhia não poderia exercer a *put*, já que essa função cabia, exclusivamente, aos conselheiros independentes da companhia.

Havia um pequeno detalhe: a companhia não tinha conselheiros independentes havia alguns meses – desde que as conversas sobre exercer a *put* começaram. Nomes como Pedro Malan, ex-ministro da Fazenda; Rodolpho Tourinho Neto, ex-ministro de Minas e Energia; Ellen Gracie, ex-ministra do Supremo Tribunal Federal; além de Samir Zraick, ex-Vale, e Luiz do Amaral de França Pereira. Sem membros independentes, era impossível que a *put* fosse exercida. Nesse período, uma teoria conspiratória passou a circular no mercado: Eike teria ordenado o exercício da *put* sem conselheiros independentes justamente para que ela entrasse em disputa e se encerrasse o prazo de exercício, em março de 2014. A CVM, reguladora do mercado brasileiro, achou isso estranho e abriu uma investigação a respeito, ainda em andamento, com o título de "análise relativa à operação anunciada no fato relevante de 24 de outubro de 2012".

Os credores da companhia, porém, brigaram para que Eike injetasse na companhia o US$ 1 bilhão prometido. Ele, porém, negou publicamente que o faria. Em entrevista ao *Wall Street Journal*, o megaempresário disse que essa era a vontade dos credores, mas que não o faria – e que, provavelmente, os credores acabariam recebendo o comando da companhia em troca da dívida. Com essas palavras, a liderança máxima da própria OGX, o controlador Eike Batista, desistia publicamente da empresa e tentava pressionar os credores a fazerem algo pela empresa.

E o bilhão para a OSX

Toda essa história irritou bastante os acionistas e credores. Mas outra pedra no sapato também os incomodou – algo que torrou o caixa no meio do ano de 2013 e acelerou todo esse processo. A OGX assumiu que deveria pagar cerca de R$ 1 bilhão, ou US$ 449 milhões, para a OSX em julho de 2013 – justamente quando a crise ficava cada vez mais problemática e o caixa começava a desaparecer – por conta de contratos cancelados e perspectivas alteradas com o cancelamento do desenvolvimento dos campos adjacentes a Tubarão Azul. Enquanto o minoritário da OGX achou péssimo, o da OSX achou ótimo – a quantia ajudou a aliviar a fabricante de equipamentos, que passava pelos mesmos problemas de dívida e caixa.

A OSX era uma empresa do mesmo grupo, mas não havia nenhuma questão contratual que obrigasse a OGX a pagá-la antes do restante dos credores. Eles chegaram a cogitar entrar na justiça para que a OSX devolvesse alguma parte da quantia recebida. Nessa época, o caso da OSX já havia se transformado por completo: se antes era uma mera fornecedora, agora o fracasso da OGX a obrigava a pensar em um futuro alternativo. Nada mais justo, para o minoritário da OSX, que a OGX pagasse pelos cancelamentos, que praticamente destruíram as perspectivas para a companhia. Para o da OGX, era um ultraje resolver pagar esse dinheiro na frente de outros credores – em um movimento que beneficiaria, principalmente, o próprio Eike, que tinha uma participação até maior na OSX do que na OGX.

Esse pagamento podia ser a sinalização de outra coisa também: Eike agora via mais perspectivas na fabricante de equipamentos do que na petrolífera. Afinal, a OGX estava destinada a ter problemas com o campo de Tubarão Azul, enquanto Tubarão Martelo continuava a ser uma incógnita a respeito de sua produção. Já a OSX não dependeria tanto assim da sua própria sorte: poderia, em última instância, readequar-se e passar a fornecer navios e equipamentos para as outras empresas que estavam prospectando petróleo na costa brasileira, como a Petrobras. A companhia ainda seria beneficiada pela exigência de alto nível de conteúdo nacional nos equipamentos. Bastava ser saneada.

O primeiro calote ninguém esquece

Com tanta dívida e tão pouco caixa, não era de se espantar que a companhia viesse a deixar de pagar alguma parcela ou algum juro. Isso ocorreu, pela primeira vez, no dia 1º de outubro de 2013, quando a companhia deixou de pagar US$ 45 milhões em juros decorrentes dos títulos de dívida emitidos com vencimento em 2022. De acordo com as cláusulas dos contratos desses títulos, que haviam sido emitidos através de uma empresa subsidiária localizada na Áustria, a empresa teria 30 dias para que se adotassem as medidas necessárias sem que fosse caracterizado o vencimento antecipado da dívida. Eram os últimos 30 dias para pagar a parcela, reestruturar a dívida ou pedir a recuperação judicial.

Havia a expectativa de que a companhia continuasse a não honrar os compromissos – o próximo seria em dezembro, referente a juros sobre títulos de dívida que venceriam em dezembro. Isso fez com que a S&P rebaixasse a nota de crédito da companhia para "D", selando qualquer possibilidade de novos endividamentos para rolagem da dívida. Afinal, não há juro que justifique emprestar dinheiro para uma companhia que não tem perspectivas de pagamento. Para a agência, aquilo já era um calote geral. Sempre lembrado pelos acionistas, o BNDES rechaçou qualquer possibilidade de ajuda – destacando que a empresa teria que encontrar "uma solução de mercado". Isso caracterizava o "abandono" total do governo, já que, no dia anterior, Guido Mantega, ministro da Fazenda, já havia afirmado que a empresa estava prejudicando a imagem do país. O mercado esperava que a empresa declarasse recuperação judicial – criando um plano para o seu saneamento e pagamento de dívidas, o que faria com que as ações fossem bloqueadas na Bovespa e retiradas do Ibovespa. Além disso, entendeu que o não pagamento, naquela data, era uma forma de pressionar os credores: havia caixa suficiente na companhia para pagar o juro – o fundo OGX 63 Multimercado tinha disponibilidades de cerca de US$ 65 milhões na virada do mês, de acordo com informações da Bloomberg –, mas foi designado para outras atividades, às quais a empresa entendia que esse dinheiro pudesse ser mais produtivo. A reestruturação da dívida era cada vez mais urgente.

O tiro de misericórdia: a venda de ações da OGX

Sanear as empresas era, talvez, a tarefa mais difícil nesse momento de crise. Foi para isso, portanto, que Eike começou a vender ações da OSX na própria Bovespa – poucos meses antes do calote de US$ 45 milhões –, usando disso para levantar dinheiro e ir exercendo a sua própria *put* concedida em 2010. Com isso, Eike vendia as ações a poucos centavos na Bovespa e usava o dinheiro para subscrever mais ações a R$ 40,00, o que, na prática, capitalizava a empresa e permitia que ela vivesse um pouco mais.

Se Eike mostrava disposição de tentar recuperar a OSX, parecia estar abandonando a OGX, principalmente quando começou a vender ações na Bovespa – mas não usou o dinheiro para capitalizar a empresa. As vendas começaram em maio, com 70 milhões de ações, por R$ 121,8 milhões. Se a vida do empresário ia mal nessa época, ele mostrou ter "sorte" operando ações na Bovespa: conseguiu vender as ações nos patamares mais altos em maio. Em junho, ele vendeu mais 56 milhões de ações, arrecadando R$ 75 milhões. Todas essas vendas foram realizadas usando a Itaú Corretora. Como a própria companhia destacou, isso era "um ajuste mínimo pontual no portfólio do Grupo EBX, relacionado com alongamento de vencimentos e redução do custo da dívida dos credores". O mercado não gostou. No dia 11 de junho de 2013 – um dia depois de a informação vir a público, embora já tivesse sido antecipada na internet –, a Planner Corretora lançou um relatório mostrando quão desastrosa era aquela venda na opinião deles. "Uma venda desse montante em um momento tão delicado da empresa, com a ação tão depreciada, é um péssimo sinal, que pode exacerbar a baixa das ações", escreveram.

Não foi a venda de ações, porém, que fez as ações da OGX despencarem: no dia 1º de julho a companhia anunciou a desistência do campo de Tubarão Azul e seus três campos adjacentes. A partir daí, as vendas de Eike passaram a ser vistas com outros olhos por parte do mercado. Em maio, Eike vendeu ações no intervalo de preço de R$ 1,57 a R$ 1,85, enquanto em junho foi possível vender ações entre R$ 1,25 e R$ 1,39, um patamar muito mais baixo. A desistência dos campos, porém, fez com que as ações despencassem e atingissem o valor de R$ 0,56 – na época, a mínima histórica. Houve quem acreditasse que Eike já sabia da inviabilidade econômica desde que os números do terceiro poço começaram a ser divulgados, no início do ano. Caso isso seja verdade, Eike, então, estaria cometendo o crime de *insider trading*.

Além disso, a promessa de não vender mais ações não foi cumprida. Ele voltou a se financiar no mercado no final de agosto e começo de setembro, vendendo 5,50% de todas as ações da OGX entre 29 de agosto e 3 de setembro – quando a companhia estava para sair do índice MSCI, acompanhado por estrangeiros, o que provocou uma queda de 40% na ação da OGX. Eike, portanto, agiu como um *trader* qualquer: tentou preservar parte de seu capital antes de uma queda muito agressiva – dificilmente a postura que se espera de um controlador de uma empresa. "Foi por isso que eu decidi vender as minhas ações. Se ele estava vendendo no mercado, pensei, é porque alguma coisa feia iria vir aí novamente", diz o investidor Leandro Almeida. Ele, porém, resolveu esperar um momento melhor para vender as ações – e acabou agravando a sua situação. No final dessas movimentações, Eike passou a deter apenas 50,1%[49] de todas as ações da companhia – o mínimo para que continuasse sendo majoritário da companhia que fundou.

Reservas cada vez menores

A desistência de Tubarão Azul e dos três adjacentes (Tubarão Gato, Tubarão Areia e Tubarão Tigre), todos pertencentes ao Bloco BM-C-41, foi também um grande evento para a petrolífera de Eike. A empresa desistia de quatro campos e realizava perdas patrimoniais tremendas – fazendo com que a companhia declarasse um prejuízo contábil de R$ 4,3 bilhões no segundo trimestre de 2013. Mas, mais importante, reduzia drasticamente o petróleo prospectivo que a companhia tinha em suas mãos. A companhia estimava que Tubarão Azul, que já produzia petróleo, teria 110 milhões de barris

---

[49] Fonte: Comunicado de posição consolidada.

de óleo[50] para serem extraídos, enquanto os outros três somariam 823 milhões[51]. Eike desistia, portanto, de 933 milhões de barris de petróleo, uma quantia astronômica.

A companhia pediu um prazo especial de cinco anos para a ANP, alegando que não possuía tecnologia disponível naquele momento para desenvolver esses campos. Mas a ANP negou. "A OGX não nos convenceu de que não há tecnologia para desenvolver aqueles campos", disse Florival Carvalho, diretor da agência, à agência de notícias Reuters. Com isso, o contrato de concessão previa a devolução desses ativos para a ANP – se um novo plano de desenvolvimento não fosse acordado entre as duas partes. A OGX já havia devolvido as áreas de Tambora e Tupungato, também no mesmo bloco, além das acumulações de Cozumel e Cancun, que ficavam no Bloco BM-C-37 – também na Bacia de Campos. Sem condições de desenvolvimento, a companhia também já havia devolvido grandes áreas das bacias de Santos e Espírito Santo – mesmo com a comprovação de existência de petróleo nessas regiões.

Um desses blocos devolvidos exemplifica muito bem o que a OGX fez ao inflar suas estimativas. Trata-se do BM-S-57, devolvido para a ANP em março de 2013 – e que pode ser repassado para outra petrolífera algum dia. A depender do que falou a OGX, trata-se de uma maravilhosa oportunidade – ou de uma tremenda armadilha. Em janeiro de 2012, a petrolífera de Eike Batista anunciou que encontrara uma coluna de hidrocarbonetos de mil metros, com boas condições de porosidade e alta pressão em águas rasas no pré-sal desse bloco[52]. Para a companhia, isso se tratava de "um marco para a indústria". O otimismo foi longe. O portal Veja.com publicou que na área havia cerca de 2 bilhões de barris de petróleo – que seria equivalente a US$ 200 bilhões a um preço de US$ 100 por barril. A OGX estimava 1,8 bilhão de barris para a Bacia de Santos, mas informou que os testes complementares e a perfuração de poços de

---

50 Fonte: Apresentação do Grupo EBX a investidores.
51 Fonte: Comunicado da empresa.
52 Fonte: Comunicado da empresa.

delimitação deveriam elevar o número. Seja qual for o número, era uma riqueza e tanto.

Depois de muito alarde com o poço, a OGX resolveu devolvê-lo em silêncio, sem emitir nenhum fato relevante ou comunicado ao mercado – o que fez alguns investidores criticarem a companhia. A data de divulgação da descoberta também. "Um detalhe muito importante a ser notado é que no dia 16 de janeiro de 2012 (dia do fato relevante com notícia positiva sobre o BM-S-57) ocorria vencimento de opções. Essa notícia nos pareceu muito bem plantada, casuisticamente no dia do vencimento de opções", disse o investidor e economista Aurélio Valporto, representante de um grupo de 70 acionistas da OGX, à agência Reuters. Assim como os campos que foram descartados na Bacia de Campos depois de ter a sua viabilidade econômica declarada, as declarações sobre essa reserva em Santos teriam sido prematuras.

Outro campo que viu suas reservas desaparecerem foi o de Tubarão Martelo, que por muitos meses foi a esperança da petrolífera de Eike Batista – e que foi 40% vendido para os malaios da Petronas, em um negócio de US$ 850 milhões. Ela estimava uma reserva de cerca de 285 milhões de barris[53], mas um relatório da DeGolyer & McNaughton mostrou que o número poderia ser muito mais baixo: provavelmente seriam cerca de 87,9 milhões de barris de petróleo[54], embora fosse possível que esse número chegasse a 108,4 milhões[55]. Esse estudo foi feito em outubro de 2013, logo após a companhia deixar de pagar US$ 45 milhões aos credores. Era uma forma de a companhia provar que havia petróleo a ser extraído. Conseguiu, mas diminuiu o interesse pelo campo.

---

53 Fonte: Apresentação do Grupo EBX a investidores.
54 Fonte: Relatório D&M, classificação 2P.
55 Fonte: Relatório D&M, classificação 2P + 3P.

OGX: o trágico fim da reestruturação de dívida e o pedido de recuperação judicial

O interesse pelo campo de Tubarão Martelo era primordial para que a companhia convencesse os credores de que ainda haveria um futuro para a empresa. Com dívidas tidas como impagáveis, a OGX embarcava em um longo processo de reestruturação, que durou dois meses. Ao longo desse processo, a direção da companhia ofereceu trocar a dívida da OGX por ações, transformando os credores dos títulos de US$ 3,6 bilhões em novos controladores da empresa – com 57% da "nova OGX", em uma operação que deixaria Eike, que abria mão da petrolífera, com 5% das ações, assim como os minoritários[56]. Até um nome foi encontrado para a nova empresa depois dessa reestruturação: Óleo e Gás Participações, nome oficial da companhia desde 6 de dezembro de 2013, mesmo com o fracasso das conversas.

As conversas, porém, foram confusas. Angra Partners, Blackstone e Lazard assessoravam a OGX, e a Rothschild assessorava os credores. No meio desse imbróglio, a empresa mudou de presidente, Luiz Carneiro, e de diretor financeiro, Paulo Monteiro, que depois foi readmitido como consultor e demitido novamente. Com um tom confuso, nenhum resultado foi alcançado pela reestruturação até o final de outubro – quando a empresa já estava próxima de atingir o período de cura dos juros não pagos no início do mês, que se encerrava no dia 1º de novembro, e se tornaria uma empresa inadimplente – cuja falência poderia ser pedida pelos credores.

Assim, a empresa teve que pedir uma recuperação judicial, um instrumento de proteção contra falência presente na lei brasileira – o que o mercado ficou esperando por meses. A empresa ganharia um tempo para se reestruturar, começar a gerar caixa sem ter que se preocupar com dívidas e juros da dívida – permitindo que continuasse operando. Os efeitos na ação de recuperação judicial são perversos: a ação, imediatamente, deixou o Ibovespa e teve as negociações congeladas, deixando milhares de minoritários sem

---
56 Fonte: Apresentação da OGX a credores.

entender o que havia se passado. "O que vale nesse momento é a lei de Maquiavel. Essas medidas duras são drásticas, mas tem que se olhar a sobrevivência", diz Artur Lopes, da Artur Lopes & Associados, especialista no tema e autor do livro *Quem Matar na Hora da Crise* e coautor de *Recuperação Judicial: um guia descomplicado para empresários, executivos e outros profissionais de negócios*.

Para ele, é importante notar que a recuperação judicial é o início de um novo ciclo para a empresa, para que ela consiga se resgatar. Depois do deferimento da recuperação judicial da empresa em 21 de novembro de 2013, pelo juiz Gilberto Clovis Faria Matos, da 4ª Vara Empresarial da Comarca do Rio de Janeiro, Eike teria seis meses para montar um plano de reestruturação da companhia e mostrar aos credores em uma assembleia. Caso esse plano fosse recusado, a OGX teria sua falência decretada no ato.

Desde o começo havia o temor, porém, de que mesmo que a medida de recuperação judicial fosse aceita pelos credores, ela não conseguiria salvar a petrolífera de Eike Batista, que dependeria de uma enorme série de fatores, inclusive geológicos. Mas o grande problema é que o principal fator complicador é que a recuperação judicial muitas vezes cria uma falsa sensação de comodidade para os donos das empresas. "É grande a mortalidade das empresas que entram em recuperação judicial. O empresário, muitas vezes, entra numa zona de conforto e esquece. A empresa precisa ser mais lucrativa, não dá para esquecer isso. O grande risco é que os credores deixem de bater à porta e o Eike relaxe", diz Artur Lopes.

Havia quem acreditasse, porém, que a recuperação judicial seria a salvação da empresa. Para o advogado Sérgio Emerenciano, do escritório Emerenciano, Baggio e Associados, essa medida pode fazer com que a empresa simplesmente "volte à estaca zero". Ele salienta que a discussão judicial sobre o futuro da empresa pode fazer com que os credores e Eike cheguem a um consenso, permitindo que a empresa retome suas atividades – com uma reestruturação da dívida boa o suficiente para que a empresa consiga projetar o seu futuro, permitindo uma reviravolta em suas atividades. "Qual a diferença da OGX hoje, após o pedido de recuperação judicial, e em 2007 e 2008, quando ela estava iniciando suas atividades? Nenhuma, só a dívida que ela possui atualmente, que a própria recuperação judicial vai ajustar", avisa.

OSX, outra empresa em recuperação judicial

Cerca de 10 dias depois que a OGX pediu recuperação judicial, a sua "irmã" também teve que pedir. A situação era tão dramática quanto à da petrolífera, com dívidas de US$ 2,4 bilhões, também tidas como impagáveis, principalmente pelo fato de que a empresa a quem deveria servir – a OGX – estava à beira da extinção. Nesse cenário, os contratos para o navio OSX-2 e a plataforma WHP-2 foram extintos e as duas companhias "disputavam" a respeito das indenizações que a OGX teria de pagar à OSX pelo cancelamento. A empresa pediu para que ambos os processos corressem na mesma vara judicial que sua irmã, para impedir decisões contrárias entre as duas empresas, o que foi aceito pelo juiz designado a cuidar dos dois casos. O fracasso de uma era claramente o fracasso da outra: estavam interligadas, unidas desde o começo. Mas havia esperança de que a OSX se livrasse dos problemas muito mais facilmente do que a OGX. A começar pelas "empresas subsidiárias", que foram excluídas no pedido de recuperação judicial. No caso da OGX, a única a ficar foi a OGX Maranhão, que correspondia aos seus ativos de gás natural no nordeste do país (vendidos poucos dias depois), enquanto a OSX excluiu suas subsidiárias estrangeiras responsáveis pelo leasing dos navios FPSO OSX-1 e OSX-3, seus ativos mais valiosos. Por causa desses dois navios, a dívida da OSX nunca foi considerada tão problemática quanto à da OGX, já que bastava entregar essas plataformas aos credores e estaria tudo pago – o que impediu os títulos de dívida da OSX de despencarem tão fortemente quanto os da irmã.

O BNDES, que tinha um empréstimo de R$ 400 milhões com a empresa, também se mostrou simpático com a OSX, estendendo os prazos para pagamento. Se a OGX tinha enfrentado problemas para extrair petróleo – como maior problema –, a OSX teria uma sobrevida se se readequasse à indústria de petróleo nacional. Enquanto Eike sinalizava que estava desistindo da primeira – principalmente ao falar que "abria mão" do controle –, com a empresa de construção naval a sinalização era diferente: ele queria que a empresa desse a volta por cima. E o mercado entendeu que os ânimos com as duas eram diferentes. Enquanto a OGX continuou a trajetória de quedas na Bolsa logo após o pedido de recuperação judicial, a OSX permaneceu na mesma – inclusive recuperando um pouco de valor nos dias seguintes.

MPX: a única a dar certo?

Nesse longo período, talvez o ativo de Eike que tenha tido o melhor destino até agora tenha sido a MPX Energia – que atualmente responde pelo nome de "Eneva". A empresa foi oficialmente fundada em 2001, mas vendeu seu único ativo, a Termoceará, e estava esvaziada antes de Eike revivê-la com o plano de abertura de capital e construção de térmicas em 2006. O megaempresário percebeu que o sistema de energia brasileiro carece de investimentos, principalmente se a economia quiser manter um bom ritmo de crescimento – como na última década. E a despeito de alguns atrasos, não é difícil dizer que a MPX tenha sido um sucesso. O plano era utilizar-se do gás extraído pela OGX para alimentar as usinas térmicas a serem construídas. No Maranhão, a companhia embarcou em uma *joint-venture* com a própria OGX, também para explorar gás natural, no campo de Gavião Real, a OGX Maranhão. Se a produção da OGX em Tubarão Azul foi pífia, o mesmo não se pode dizer da produção de gás no Maranhão – que, desde que começou, só se fortaleceu, até que a OGX vendeu sua fatia ao fundo Cambuhy, que tem o banqueiro Pedro Moreira Salles, do Itaú Unibanco, como um dos principais nomes, e para a própria E.On, em um negócio avaliado em R$ 450 milhões – dos quais apenas R$ 200 milhões foram para a petrolífera de Eike.

Atrasos à parte, a MPX conseguiu "sair do papel" de maneira satisfatória, mesmo quando Eike era o dono dela. E, mais importante, foi a única até agora que demonstrou relevância para a economia real nacional, já que, sem ela, muito provavelmente o Brasil teria um risco real de racionamento de energia no primeiro trimestre de 2013. Pelo menos é o que avaliava Maurício Tolmasquim, presidente da Empresa de Pesquisa Energética (EPE), ao rechaçar a possibilidade do famoso apagão no início desse ano, justamente em razão da entrada em funcionamento de algumas usinas da empresa no começo do ano. Até mesmo por ter sido vendida antes que a crise atingisse níveis alarmantes, o mercado pareceu entender que a MPX era um caso à parte: foi a única empresa de Eike que não chegou a ser negociada abaixo do valor patrimonial, ou seja, foi a única que valia mais na Bolsa de Valores do que se todos os ativos que compunham a companhia, como usinas e até mesmo cadeiras de escritórios, fossem vendidos separadamente – o que mostrava que o mercado acreditava que a empresa geraria valor futuramente aos acionistas, permitindo aumentar o seu patrimônio.

A energia para uma nova era: Eneva, a primeira empresa com nova identidade

A MPX morreu no dia 11 de setembro de 2013, dia em que os novos donos, os alemães da E.On, optaram por mudar o nome da companhia para Eneva. Nesse período, a empresa já tinha capacidade de geração de cerca de 1,5 GW (gigawatt) e deveria ver outro 1,1 GW entrar em operação em breve[57]. Não era uma empresa lucrativa: no segundo trimestre de 2013 havia registrado um prejuízo de R$ 257 milhões – um salto de 72% frente ao que havia sido visto pouco tempo antes. Mas as perspectivas eram boas, já que, cada vez mais, os projetos da empresa saíam do papel, deixando de vez a pecha de "pré-operacional".

No total, os alemães desembolsaram R$ 1,8 bilhão para ficar com a companhia – R$ 1,4 bilhão quando compraram cerca de um

---

57 Fonte: Comunicado ao mercado.

terço da companhia, em março de 2013, e R$ 400 milhões com o aumento de capital. Eike conseguiu tirar a empresa do papel e a vendeu no final desse processo. Passou pelos momentos difíceis, mas não conseguiu aproveitar a hora em que a empresa passaria, afinal, a pagar os dividendos dessa espera. E, pior, corria o risco de ser assim com todas, já que a LLX também fora "vendida" e as outras deveriam seguir o mesmo caminho. Pelas regras da CVM, em teoria, uma alienação de controle obrigaria a parte compradora a realizar uma oferta igual (para empresas do chamado "Novo Mercado", como era a MPX) para os minoritários. A E.On, então, teria que pagar a mesma quantia que foi paga a Eike, se assim os minoritários desejassem. Mesmo que existissem subterfúgios da lei que justificassem a ausência dessa obrigação – e que existem, de acordo com a área técnica da autarquia –, o assunto poderia, ao menos, ser passível de questionamento. Mas ninguém levantou a questão: o mercado viu com alívio a transferência de poder de Eike para a E.On.

Jogado para escanteio na empresa e em crise, Eike destacou, em setembro[58], que venderia suas ações da ex-MPX – embora ainda participasse, naquele momento, do acordo de acionistas. A Eneva mostrou interesse em se desassociar da figura de Eike Batista, principalmente depois de tirar o fundador da presidência do Conselho de Administração. Pagou inserções publicitárias em que o nome do fundador não era sequer mencionado – mesmo sendo uma das pessoas mais conhecidas do Brasil –, alterou todo o site da internet e se mudou para um escritório a quinhentos metros do antigo. Curiosamente, foi a única empresa de Eike que manteve o presidente desde sua fundação: Eduardo Karrer, que permaneceu com a companhia depois da mudança de dono e de nome.

XX: o legado de Eike aos alemães

A Eneva, porém, ainda não era uma empresa lucrativa quando foi comprada. Muito pelo contrário. Até aquele momento, tudo que

---

58 Fonte: Comunicado ao mercado.

tinha feito era sangrar dinheiro. Nada sintetiza melhor essa sangria financeira do que os resultados do terceiro trimestre de 2013, o primeiro em que a E.On reinou sozinha na empresa de cabo a rabo – o que mostrava o grande pepino que eles tinham nas mãos. Se os projetos eram bons, a execução, até ali, tinha sido bastante deficitária – o que refletia a filosofia de Eike de "criar projetos com escala para o amanhã".

No "hoje", a situação é complicada e ainda deve engolir alguns milhões da E.On. No terceiro trimestre de 2013, a empresa deixou de vez a pecha de pré-operacional e viu suas receitas dispararem 3.115% frente ao que havia sido arrecadado um ano antes, atingindo R$ 317,3 milhões. Porém, os custos operacionais cresceram 4.000% e bateram os R$ 303,8 milhões – fazendo com que a empresa registrasse um prejuízo de R$ 178 milhões no período. Isso mostra que a empresa ainda precisa de bastante tempo para ver seus balanços no azul.

Ao longo de sua caminhada como MPX, a companhia cometeu alguns erros que a fizeram ter balanços ruins sequencialmente. O principal deles foi vender energia antes de produzi-la e não conseguir entregar. Isso marcou o ano de 2012 para a empresa, que, para conseguir cumprir seus contratos, foi obrigada a contratar energia de outras geradoras a um preço mais alto em relação ao que recebeu pela sua própria venda. Uma atividade certamente deficitária.

Nesse sentido, a E.On pegou a empresa no momento correto – na transição da empresa pré-operacional para uma companhia que gera receitas e tem capacidade de honrar seus contratos. Com isso, basta agora transferir a capacidade gerencial que possuem com os seus anos de experiência de geração de energia na Alemanha para que a ex-MPX, agora Eneva, se torne uma empresa lucrativa e um bom investimento na Bolsa. O mercado pareceu não acreditar muito até agora: as ações continuaram a trajetória de queda mesmo após a mudança de controle, mas sem dúvida os primeiros passos para que a empresa seja saneada estão sendo dados.

BTG Pactual e Eike Batista – um casamento que terminou tragicamente

Dentro do mercado, talvez o motivo para ter maior otimismo – e especulações de melhoria – com as empresas de Eike Batista, desde que a crise começou, tenha sido a parceria entre o Grupo EBX e o Banco de Investimentos BTG Pactual, de André Esteves – uma das mais respeitadas instituições nacionais. Em 6 de março de 2013 os dois fecharam uma parceria para cooperação estratégica de negócios, que envolvia aconselhamento financeiro, linhas de crédito e investimentos para projetos estruturantes do Grupo, nos diversos setores de atuação da companhia[59]. "Esta parceria é, acima de tudo, uma parceria para o sucesso do Brasil", afirmou Eike na época da assinatura do contrato.

Os dois grupos formaram um comitê, liderado pelos dois, que se reunia para discutir estratégias, a estrutura de capital das empresas, projetos futuros e ações para investimentos. Conforme esse acordo, a remuneração do BTG seria calculada com base no desempenho das companhias do conglomerado, o que permitiria o alinhamento dos interesses tanto do EBX e do BTG quanto dos acionistas minoritários das empresas.

Na época, Eike precisava desesperadamente reaver sua credibilidade e contava com projetos que sempre foram considerados bons pelo mercado para esse fim. Esteves tinha muita credibilidade, mas, como todo banqueiro de investimentos, precisava de grandes projetos que pudessem ser rentabilizados – e com a remuneração ligada ao desempenho das ações, entendia que ajudar Eike a dar a volta por cima seria extremamente lucrativo para o seu banco. "O André Esteves, um banqueiro bem-sucedido, sinalizou para o mercado que acreditava na criação de valor dos projetos do Eike", destaca Carlos Müller, analista-chefe da Corretora Geral Investimentos. Se a preocupação naquela época era com a capacidade do grupo em honrar com suas obrigações

---

[59] Fonte: Comunicado ao mercado.

financeiras, uma parceria com o BTG diminuiria esses temores – o que Müller destacava ser o fator predominante para que as ações voltassem a subir na Bovespa. E, de fato, a reação foi bastante positiva no primeiro dia: as ações da OGX, talvez as mais abaladas pela falta de credibilidade do grupo, dispararam 16,44% no pregão posterior ao anúncio.

O acordo era uma forma de Eike avisar ao mercado que estava vivo, preocupado com o andamento das ações de suas empresas e que queria continuar gerando valor para os acionistas minoritários – desfazendo-se, possivelmente, da visão de especulador que muitos acalentavam a respeito do megaempresário. Por sua gestão eficiente e boa alocação de capital, o BTG Pactual é uma das casas de maior credibilidade no mercado, sobretudo com os investidores estrangeiros – considerados parceiros-chave, responsáveis pela injeção de mais de 70% do capital das empresas do megaempresário quando elas foram listadas na Bovespa. A parceria começou com inacreditável otimismo. Pelos corredores do EBX, Eike Batista mostrava euforia com o acordo, avisando a todos que o *magic Eike is back* (o mágico Eike voltou, em inglês)[60]. Enquanto isso, André Esteves deu uma entrevista ao jornal *O Estado de S. Paulo,* afirmando que a situação de Eike era facilmente equacionável – bastava que Eike vendesse parte de suas empresas para alguns sócios.

A missão de Esteves era simples: arranjar compradores para partes das empresas de Eike. O capital entrante facilitaria a execução dos projetos. "Eike concebeu projetos estruturantes e transformadores para o Brasil, como o Porto do Açu. O desafio é ordenar a execução deles. Todos são grandes projetos de infraestrutura, voltados para recursos naturais, de complexa execução e capital intensivo. E existe a dificuldade de executar vários projetos ao mesmo tempo. Vamos ajudar a ordenar, racionalizar e priorizar a execução", disse Esteves ao jornal. O banqueiro colocaria a mão na massa semanalmente, organizando as questões e procurando sócios estratégicos para as empresas de Eike – uma missão caracterizada pela afirmação de Esteves de que a "participação de Eike em cada empresa recuaria".

---
60 Fonte: Revista *Veja.*

Foi nesse momento que surgiram os alemães da E.On, que entraram na MPX.

Esteves, porém, não contou com uma coisa: o acordo com Eike chegaria a manchar seu banco. Logo depois do acordo, as ações do próprio BTG entraram em uma fase ruim e passaram a cair. Havia um medo no mercado, talvez injustificado, de que o banco seria prejudicado com o acordo. Os comunicados deixavam claro que o banco ganharia com os resultados da empresa, sobretudo das ações – mas não mencionavam o que ocorreria se o BTG falhasse em sua missão. Havia a menção a linhas de crédito, e de fato houve a abertura de uma linha no valor de US$ 1 bilhão. Esse dinheiro, porém, nunca chegou a ser utilizado pelo Grupo EBX. O BTG cancelou a linha de crédito no início de julho, quando começaram os boatos de que a parceria ia de mal a pior. "A grande besteira do BTG Pactual foi ter ficado parceiro do Eike Batista, pois foi depois disso que a ação do banco começou a cair", alertou Henrique Kleine, analista-chefe da Corretora Magliano, em palestra na cidade de São Paulo. "O André Esteves é muito competente e o banco é excepcional, mas a parceria que ele fez não foi nada boa", completou – mostrando que o ceticismo em relação ao banco se limitava à parceria com Eike Batista.

No único acordo realizado naquele momento, a respeito da MPX – que posteriormente se tornaria Eneva –, havia tido controvérsia e discussão. O casamento não ia bem – o próprio Esteves destacou que a história de Eike era "uma história triste". As vendas esperadas não se concretizavam e, com o cancelamento da linha de crédito, Eike praticamente não tinha nada a perder. Assim, optou por colocar o banco de André Esteves para escanteio e formou a parceria com outra consultoria especializada em processos de *turn-around*: a Angra Partners, de Ricardo Knoepfelmacher, que logo se tornou o homem-forte do processo de reestruturação, chegando a demitir alguns dos principais nomes da empresa de Eike, como o tunisiano Aziz Ben Ammar, que agiu por muito tempo como conselheiro de Eike. Algumas empresas de Eike optaram por contratar suas próprias empresas para tocar o processo de reestruturação, como a

OGX – contrataram empresas individualmente, como a Blackstone e a Lazard. A OGX foi o grande foco de Ricardo K., que assumiu "informalmente" a companhia em outubro de 2013, como parte do processo de reestruturação, depois de Luiz Carneiro ter sido dispensado.

LLX: uma catástrofe era necessária para não funcionar?

Se a MPX foi a primeira empresa a ser vendida, com o apoio do BTG, a LLX Logística, que geria o Superporto do Açu, foi a segunda. Essa empresa era, possivelmente, uma das meninas dos olhos do megaempresário, que a chamava de "Roterdã dos Trópicos", em referência a um porto holandês, e solução para os problemas de logística do Brasil – com capacidade de movimentação de 350 milhões de toneladas por ano. Eike mostrava bastante confiança de que a LLX teria muitos clientes, que se instalariam na área industrial do porto, no norte do Estado do Rio de Janeiro.

Um dos clientes que foram atraídos pelo porto foi o grupo finlandês Wärtsilä – dos setores de construção naval e energia –, que mostrou grande otimismo quanto ao que se acreditava ser o projeto. Em março de 2013, logo após firmar contrato, Robson Campos, presidente do grupo no Brasil, profetizou: "É preciso uma catástrofe para que o porto não funcione. Mesmo que o Grupo EBX quebre, vai haver um investidor disposto a assumir aquele projeto". Ele acertou: o grupo americano EIG efetuou a compra do porto e prometeu a injeção de US$ 1,3 bilhão para tirar o projeto, enfim, do papel.

Mesmo no meio do furacão, Campos havia fechado um contrato de 30 anos, que previa a instalação de uma planta industrial, com investimentos de até € 20 milhões. Entrevistado na época, o executivo mostrava-se bastante otimista: "O projeto da LLX não é contaminado pelos outros, é uma empresa à parte, a confiança é total no Superporto do Açu, um projeto estruturante e muito sólido em uma área extremamente carente do Brasil. Acompanhamos as obras por um ano e meio antes de firmar a parceria, conversamos com toda a gestão da empresa e isso nos deu um conforto enorme", afirmou, lembrando que o Brasil sempre teve uma carência na área de logística – algo que Eike havia prometido sanar com seus grandes projetos. Talvez tenha sido por isso que os primeiros projetos a serem vendidos tenham sido MPX e LLX: eram de áreas extremamente fracas da economia brasileira, necessários para o desenvolvimento do país.

O executivo via um diferencial no porto, a ponto de afirmar que o plano B da sua empresa também envolveria a região. "A logística integrada é muito importante, não adianta só fazer o porto, tem que fazer ferrovias e rodovias para escoar a produção. O Superporto do Açu tem isso, tem porto, tem a área industrial, tem canais navegáveis, tem uma retroárea fantástica", afirmou. Esses mesmos atrativos já haviam interessado outras 10 empresas a firmar contrato para se tornarem clientes da LLX: NOV, Technip, InterMoor, Vallourec, ASCO, Anglo American, General Electric, Ternium e outras duas das empresas de Eike Batista, MPX e OSX. Outros grupos chegaram a assinar contrato e desistir, mas a lista de clientes do superporto crescia.

Mesmo com os atrasos – a expectativa era de que o porto começasse a operar em 2011 –, o projeto era maravilhoso, na opinião do EIG, cuja operação de injeção de capital diluiria a posição acionária de Eike e o tornaria sócio minoritário desse megaempreendimento. "Estamos muito felizes em prover o restante do capital necessário para completar esse importante projeto", afirmou Blair Thomas, presidente do Grupo EIG. A felicidade do norte-americano certamente não era a saída desejada para o megaempresário: ele mesmo já havia tentado comprar todo o porto para si, praticamente um ano antes, em julho de 2012.

Um dos novos donos do legado do megaempresário, Blair foi um dos poucos que defenderam Eike publicamente. "Acho que Eike Batista recebeu um tratamento injusto da imprensa internacional. Ele é um visionário. Algumas de suas companhias são ótimos ativos. Daqui a dez anos, muitas dessas empresas, com novos donos, estarão em boa situação. O país vai ganhar com isso e

Eike merecerá o crédito", afirmou em entrevista à Agência Estado. Mesmo assim, o gestor não deixou de perceber que a dissociação da LLX da imagem de Eike foi uma coisa boa para a companhia. "As incertezas sobre a conclusão e os recursos para o projeto se foram, acreditamos que as negociações vão se acelerar, agora que não há mais associação direta com a figura de Eike. Nosso telefone não para de tocar", disse na mesma entrevista. Logo depois o EIG consolidou o controle através do aumento de capital e "exorcizou" a companhia ao mudar o nome da LLX para Prumo Logística Global, no dia 11 de dezembro de 2013.

Vendendo na alta, comprando na baixa?

Vendida para o EIG em 2013, a LLX já havia recebido uma oferta de compra anteriormente, do próprio Eike Batista, em agosto de 2012. Ao anunciar suas intenções, Eike despertou a raiva nos pequenos investidores que acreditavam no megaempresário. As ações, que um dia chegaram a valer R$ 10,30, deveriam ser retiradas da Bolsa a R$ 3,13, representando perdas de 69,61% para o investidor que adquiriu o papel da empresa no topo histórico. Muitos minoritários afirmaram que esse era um movimento para "prejudicá-los" – que estavam ao seu lado no ônus da crise em suas empresas, mas seriam descartados no bônus da recuperação. Em teoria, Eike estaria fazendo o que todo investidor deseja fazer: vendendo na alta e comprando na baixa. Aproveitando o bom momento do mercado na época da abertura de capital, quando era fácil captar dinheiro, para fechar quando essas ações estivessem abaixo do patamar. A estreia da LLX na Bolsa (ela própria uma cisão da MMX), por volta dos R$ 4,50, colaboraria com esse pensamento. Contudo, será que essa teoria realmente fazia sentido?

A resposta é: não. O sócio de Eike na abertura de capital da MMX não teria perdido dinheiro com o fechamento. Em dezembro de 2010, a empresa havia passado por uma cisão que deu origem à PortX, fazendo com que o investidor garantisse dois ativos. A LLX, que Eike se oferecia para comprar por R$ 3,13, e a PortX, que se despediu da Bolsa aos R$ 2,86, em uma permuta com ações da MMX. Isso totalizaria R$ 5,99 para o acionista da LLX, que obteve esse papel na cisão. Além disso, o mercado brasileiro "andou de lado", praticamente sem qualquer valorização ou queda, desde o dia em que a LLX entrou na Bolsa, 28 de julho de 2008, até o dia em que ele anunciou a OPA (oferta pública de aquisição), o que faria com que essa diferença de R$ 1,49 frente os dois preços se tornasse um prêmio sobre a cotação e não um ônus. Mas se o megaempresário não vendeu os ativos na alta (já que não vendeu), ele tentou fechar o capital em um momento de baixa. Naquele momento, antes de a crise apertar significativamente, ele sinalizava ao mercado que confiava naquele projeto, a ponto de tirar dinheiro do próprio bolso para fechar o capital – efetivamente, podendo ficar com todos os lucros que sua miniRoterdã lhe daria no futuro, além de permitir centralizar as decisões.

A tentativa de fechar o capital da LLX fez com que o mercado passasse a especular o fechamento do capital de diversas outras empresas do Grupo EBX, como a OSX Brasil e a CCX Carvão, o que de fato foi tentado – mas também houve desistência. A tentativa de fechamento teve efeitos na imagem de Eike Batista, que mesmo naquela época já estava desgastada com os atrasos de execução em seus projetos e com as fortes decepções do mercado em relação ao andamento das operações já iniciadas. Enfrentando uma crise de confiança por parte dos investidores, Eike afirmou: "Se o mercado não me quer, eu me basto".

O golpe de misericórdia nesse caso veio quando Eike Batista desistiu de realizar a OPA para fechar o capital da companhia – fato que foi comunicado em uma madrugada, uma prática comum entre algumas companhias de capital aberto, quando a notícia é ruim, para evitar uma exposição mais violenta da mídia. Ele optou pelo cancelamento, após um laudo de avaliação, elaborado pelo Bank of America Merrill Lynch, concluir que o preço justo para cada ação da companhia orbitasse entre R$ 6,94 e R$ 7,63 – conferindo valor de mercado de R$ 4,81 bilhões a R$ 5,29 bilhões para a empresa.

Esse valor superou em muito a oferta de Eike, de R$ 3,13 por ação, que concedia valor de R$ 2,17 bilhões à LLX. Considerando que nessa época a companhia possuía 52,30% de seu capital fora das mãos de Eike ou da Ontario Teachers Pension Plan – sua parceira na OPA –, esses números geraram um rombo bilionário nas contas. Eike planejava desembolsar R$ 1,13 bilhão, mas, se tivesse de pagar o preço do laudo, haveria de desembolsar entre R$ 2,51 bilhões e R$ 2,76 bilhões. "Se notarmos um movimento de fechamento de capital de suas empresas, isso demonstrará uma grande habilidade na especulação. Eu adoraria ficar com esse *spread*", afirma Juliano Carneiro, especulador profissional. O bilionário estaria vendendo na alta e comprando na baixa – a diferença é que as ações negociadas seriam as de suas próprias empresas –, mas mostrar-se-ia mais interessado em vender na alta e comprar na baixa do que em montar um negócio sustentável para os seus sócios.

No final, quando o grupo já estava se desmanchando, Eike teve que aceitar a entrada do EIG como controlador da LLX através de uma subscrição de ações a R$ 1,20 cada – perdendo, de vez, o poder de ser o único dono do Porto do Açu. A CCX também foi um caso parecido, mas a desistência veio por outro motivo: Eike planejava pagar em ações de suas outras empresas, embora, curiosamente, houvesse limitado a quantia de ações oferecidas na troca de todas, menos da OGX – o que podia ser visto como um indicativo de menor interesse na petrolífera do que nas outras, já que mesmo nessa época ela já valia praticamente o mesmo que a MPX. Com a queda das ações de todas as empresas, o megaempresário resolveu retirar sua oferta para não ter que se desfazer de muitas ações, citando "condições desfavoráveis do mercado"[61].

Porto Sudeste: vendido para salvar a mineradora do grupo

Outro ativo de logística do grupo era o Porto Sudeste – também localizado no Estado do Rio de Janeiro –, que, junto com o Porto

---
61 Fonte: Comunicado ao mercado.

do Açu, formava a LLX logo após a cisão da MMX. Em mais um movimento de cisão, a LLX "deu cria" à PortX. Contudo, Eike optou por reintegrar o Porto Sudeste à MMX em 2011, e a mineradora reincorporou a PortX, passando, novamente, a ser dona do Porto Sudeste. Depois de intensa especulação, mais uma vez o ativo mudaria de mãos: foi vendido para o fundo soberano de Abu Dhabi, o Mubadala, e para o Grupo Trafigura em setembro de 2013, um movimento para sanear a mineradora do grupo, que, sete anos depois de sua fundação, ainda engatinhava e só gerava prejuízo.

Pouco antes da venda, Carlos Gonzalez, presidente da mineradora, chegou a afirmar que a companhia não estava negociando apenas o Porto Sudeste e que a estratégia era vender a empresa como um todo[62]. Poucas semanas depois dessa afirmação, o martelo bateu e apenas o Porto Sudeste seria vendido. Como as negociações, o negócio foi confuso: os grupos passariam a deter 65% do porto, por US$ 400 milhões, fazendo com que a companhia ficasse, em suas palavras, "essencialmente livre de dívidas no negócio de mineração". Uma teleconferência foi marcada para esclarecer o assunto. Isso criou um efeito duplo na Bovespa. As ações da MMX, listadas sob o código MMXM3, despencaram com o anúncio, enquanto os títulos MMXM11 – que representavam *royalties* por tonelada embarcada no Porto Sudeste e eram "fragmentos" da incorporação da PortX – dispararam.

Antes de a venda ser fechada, havia vários interessados, como Usiminas e MRS, uma *joint-venture* da mineradora Vale com as siderúrgicas Usiminas, CSN e Gerdau. "A MRS é nossa subsidiária, em que temos participação minoritária. Através da própria entidade, seus acionistas têm demonstrado interesse no Porto Sudeste", confirmou Murilo Ferreira, presidente da mineradora.

Várias outras pequenas mineradoras de Minas Gerais e a própria MRS haviam firmado contratos com a mineradora de Eike e agora havia a possibilidade de que eles não fossem cumpridos pelos novos donos do porto. A ideia era o porto escoar a produção de minério de

---

62 Fonte: Teleconferência com o mercado.

ferro – inclusive de outras mineradoras –, permitindo a exportação a um preço mais atraente do que o que era praticado no mercado interno. Por muito tempo, um porto próprio para o escoamento foi uma das prioridades da MMX, seguindo o exemplo dado pela Vale nos últimos anos. Com a crise, as prioridades tiveram que ser revistas.

CCX: uma morta-viva à espera de ser vendida

Com o fracasso da OPA da CCX para fechamento de capital, a empresa tornou-se praticamente uma morta-viva na Bolsa. Com perspectivas nulas, já que Eike havia avisado que a empresa tinha se tornado "inviável" (tanto pela desvalorização do carvão quanto pelos rumos que a MPX, agora Eneva, estava tomando). Além disso, a CCX, uma cisão dos ativos de carvão da MPX na Colômbia, era a única empresa de Eike não voltada para o Brasil e deveria ser excluída na reestruturação dos negócios do Grupo EBX que estava acontecendo. Com isso, a única saída racional era a venda da companhia para alguém disposto a bancar o risco.

As ações da empresa, então, se tornaram um dos pontos máximos de especulações na Bovespa, com grandes volatilidades conforme os investidores apostavam se os ativos da companhia seriam vendidos ou não. Conforme os boatos se espalhavam ou eram negados, as ações – que já tinham se mostrado propensas ao *insider trading* – disparavam ou caíam forte. Um acordo de exclusividade de negociações chegou a ser assinado com uma empresa chamada Transwell Enterprises, a respeito das vendas das minas a céu aberto de Cañaverales e Papayal, o que fez as ações dispararem com a expectativa de que o acordo viesse a ser concretizado em breve. Não foi, e os papéis praticamente devolveram tudo em poucos dias.

Na última semana de outubro de 2013, porém, a empresa voltou a anunciar que havia fechado um acordo de exclusividade de negociações, só que dessa vez com a Yildirim Holding. Esse acordo previa a venda das duas minas a céu aberto por US$ 50 milhões e da mina fechada de San Juan – com uma reserva de carvão muito maior do que a das outras duas –, além de porto e ferrovia que atendiam a essa mina, por US$ 400 milhões. No dia do anúncio, a empresa valia apenas R$ 233 milhões em Bolsa – mesmo depois de registrar uma alta de 21% antes do anúncio, o que indicava que algo estava por vir. Pela exclusividade de negociações, a Yildirim pagara US$ 5 milhões para a CCX e ambas as companhias esperavam terminar os negócios em dezembro de 2013 para as duas minas pequenas, e em abril de 2014 para a maior das duas. A venda representava praticamente um fechamento de capital informal, já que após pagar as suas dívidas (cujo valor líquido era de cerca de R$ 35 milhões nessa época), a companhia deixaria de existir. Cumpria-se, assim, a meta de fechamento de capital, que havia sido estipulada pouco depois da cisão.

Megalomania? A tentativa de comprar a Vale

Os tamanhos dos projetos mostravam uma das mais famosas características pelas quais Eike passou a ser conhecido: sua megalomania – a vontade de ser o homem mais rico do mundo, de ser dono de empresas gigantes. E a ânsia de fazer tudo isso rapidamente. Não por outro motivo, seu nome era sempre lembrado quando as coisas iam bem, em diversos rumores sobre seus próximos passos – seus próximos investimentos, seus próximos empreendimentos. O megaempresário queria sempre mais, e, como disse ao *Fantástico* em 2012, a questão "já havia transcendido ao dinheiro".

Um dos melhores exemplos foi sua malograda tentativa de comprar a Vale, maior mineradora brasileira, que um dia já foi presidida pelo seu pai. Eike propôs um negócio para comprar a Bradespar – *holding* do Bradesco que tem uma forte participação na Valepar, que controla efetivamente a mineradora. Essa proposta, de acordo com informações da mídia na época, era avaliada em R$ 9 bilhões. O Bradesco disse não sem estudar a proposta, e Eike buscou o Previ, fundo de previdência do Banco do Brasil – em uma proposta que envolvia a fusão da Vale com alguma de suas empresas, que, na época, estavam artificialmente infladas na Bolsa. Também não obteve sucesso.

Eike parecia querer se aproveitar do fato de que o governo brasileiro, o maior acionista da Vale através do BNDES e dos fundos de pensão de estatais, estava descontente com os caminhos que a empresa estava tomando. O presidente Lula seria um dos principais entusiastas dessa mudança de controle, já que estaria de acordo com a sua vontade de fazer com que a Vale investisse em siderurgia – algo que Eike também acreditava ser o melhor caminho. "O Brasil é o produtor do aço mais barato do mundo. É por isso que eu acho que a Vale pode fazer mais para construir usinas de aço e outras infraestruturas", afirmou na época à imprensa. Ele, porém, disse que seu interesse era estritamente econômico e não político – apenas coincidia com as vontades de Lula. "Sou empresário. Meu interesse na Vale não deve ser politizado. Deveu-se, exclusivamente, ao fato de identificar certos diamantes por lapidar e por acreditar que poderia contribuir para a criação de riqueza para a empresa e seus acionistas. Nunca como instrumento de política partidária", afirmou o empresário.

Essa movimentação para comprar a Vale foi vista com bons olhos por parte do mercado, que na época estava encantado com Eike, mesmo com suas empresas ainda engatinhando – a experiência dele no setor de mineração, depois de anos comandando uma mineradora canadense, agregaria a maior mineradora brasileira. "No geral, temos uma visão positiva sobre a possibilidade de aquisição do ponto de vista estratégico da companhia, com a maior *expertise* de mineração que seria agregada, além da inserção de uma visão mais focada na geração de valor para o acionista", escreveram em relatório os analistas da corretora do banco português Banif.

Quem não gostou da tentativa de compra foi Roger Agnelli, que na época era o presidente da Vale – e, pelo fato de a mineradora ter um capital extremamente diluído, era o homem forte à frente da empresa. Ele iniciou uma briga pública com Eike, que o havia criticado ao afirmar que faria diferente se as decisões da mineradora fossem dele. "A primeira coisa que o Eike tem de começar a fazer é produzir alguma coisa; depois disso, pode entender um pouco como funciona o mercado", disse Roger Agnelli. Eike chegou a ironizá-lo no programa *Roda Viva*, dizendo que alguns CEOs não deveriam estar onde estavam. Com o tempo, o interesse de Eike pela Vale secou e o governo conseguiu trocar Agnelli através dos fundos de pensão, colocando Murilo Ferreira em seu lugar.

O rei do Twitter! Comunicação com o mercado ou comunicação pessoal?

Sendo uma das celebridades mais conhecidas no Brasil, Eike Batista era um fenômeno na internet: tinha mais de um milhão de seguidores no Twitter e usava a rede social intensamente, muitas vezes das formas inapropriadas. Adepto da direção direta, o megaempresário era conhecido por fazer previsões otimistas na rede social – algo que não é regulamentado pela CVM. Algumas vezes postava quão grandiosos eram os projetos do EBX e, quando as coisas começaram a dar errado, passou a prometer que as coisas em breve melhorariam. No mínimo, um comportamento irresponsável para o dono de empresas bilionárias listadas na Bovespa.

Mesmo assim, o próprio Eike Batista considerava que não podia tratar dos negócios das empresas abertamente no Twitter e chegou a destacar que tinha limitações. Usualmente, Eike falava mais sobre a sua vida pessoal do que sobre o segredo das suas empresas. Contava as experiências do dia a dia, sobre as visitas às instalações das empresas do Grupo EBX, criticava o mercado – em especial a "cultura de imediatismo do brasileiro", sua justificativa favorita para a queda das ações de suas empresas –, contava coisas do passado e chegou até mesmo a fazer propaganda dos sites em que realizou compras on-line. Certa vez, chegou a pedir o telefone de um seguidor que lhe prometeu uma oportunidade única de ganhar R$ 3 bilhões.

Sua farra no Twitter acabou quando prometeu um novo plano de negócios para a OGX – com novas parcerias – nos moldes do que já havia sido anunciado pela OSX, no final de maio de 2013 – em meio a uma conversa com outro usuário da rede social, o que fez com que a afirmação não aparecesse para todas as pessoas que seguiam o megaempresário no Twitter. O Portal InfoMoney noticiou essa conversa, com ampla repercussão na mídia especializada, e trouxe o assunto para a atenção da CVM – que enviou uma carta a Eike perguntando o motivo pelo qual essa declaração não tinha sido feita oficialmente ao mercado. Como se tivesse sido proibido pelo seu departamento jurídico, Eike parou de usar o Twitter desde então – soltando apenas mais seis *tweets* até novembro, nenhum relacionado às suas empresas. Compreendeu que era melhor não arriscar.

Para muitos, o uso do Twitter tirava a credibilidade das empresas de Eike – afinal, comprometia a assimetria de informações no mercado, algo que as companhias abertas têm o dever de combater. De acordo com Rodolfo Zabisky, CEO da @ttitude, maior grupo de serviços de relações com investidores independentes da América Latina, isso não era visto como um problema para Eike. "Se isso impacta ou não a credibilidade, é algo de cada pessoa julgar. Acredito que o próprio Eike gostava disso", destaca.

Na visão de Zabisky, as boas práticas de relações com investidores possuem três princípios: transparência, permitir acesso à informação e tratar a todos com igualdade. Como o Twitter é uma ferramenta pública, ele não feria nenhuma das duas últimas – embora boa parte dos *tweets* de Eike fossem "respostas", bastava ser atento e isso não seria problema. A primeira questão podia ser ferida, mas dependia da mensagem proferida pelo empresário na rede social. Adeptas do Novo Mercado de governança corporativa, as empresas de Eike deveriam, na prática, ser exemplos de como se portar.

Há quem diga, porém, que a questão do Twitter foi alvo de injustiças – já que, quando as coisas iam bem, ninguém parecia se importar; parecia irreverente, exótico e até mesmo mais humano do que a comunicação padronizada das companhias de capital aberto. Quando as cotações das ações começaram a cair e a crise se instaurou no EBX, isso virou alvo de críticas – como tudo o mais que Eike fazia de diferente na época. O megaempresário havia se tornado uma vidraça em que todos queriam jogar pedras.

Um nome sujo no mercado: a história da IdeiasNet

Para uma figura pública, quase nada pode ser pior do que tornar-se uma vidraça. Especialmente para alguém associado ao mercado de capitais, que tinha projetos e mais projetos na Bovespa, como Eike. Por conta da OGX, o descrédito passou a ser total e começou a atingir todas as empresas que eram associadas ao nome dele – mesmo aquelas cuja situação não era tão dramática, como era o caso da MPX. A história de uma delas exemplifica muito bem essa questão. Durante o "fenômeno Eike", havia ao menos um projeto em que ele havia investido e que não tinha sua execução: a IdeiasNet, uma empresa que concentra fundos que investem em empresas de tecnologia e internet, em que Eike tinha apenas uma posição acionária elevada. O megaempresário havia comprado 14,7% em 2008 – pagando cerca de R$ 6,70 por ação, algo próximo a R$ 121 milhões.

E foi apenas isso que ele fez com a empresa – que havia aberto o capital no ano 2000, bem antes do surgimento do fenômeno Eike na Bovespa. O EBX se tornou um acionista relevante da companhia, com direito a um nome no Conselho – que Eike nunca ocupou pessoalmente –, mas nada mais do que isso. Em todos os anos em que o megaempresário era tratado como o maior empreendedor do Brasil, ele nunca falou da IdeiasNet com o mesmo orgulho com que falava das outras. E provavelmente a ideia de investir na IdeiasNet nem partiu de Eike, e sim de seu irmão, Lars Batista, um homem muito interessado por tecnologia – tendo trabalhado, inclusive, na indústria de games, antes de se juntar ao irmão no EBX.

Para o mercado, não havia dúvidas de que a IdeiasNet era um projeto completamente separado do EBX – misturar as duas coisas não fazia o menor sentido para qualquer pessoa não leiga. Até a cidade-sede era diferente: se o império de Eike ficava localizado no Rio de Janeiro, a IdeiasNet era paulistana. Nessa empresa, Eike era apenas mais um investidor entre outros tantos – não era dono e não tinha poder nenhum de decisão. Por conta dessa falta de associação, nunca ninguém resolveu listá-la como parte do Grupo X.

Mesmo assim, quando a crise do EBX apertou, em 2012, os investidores começaram a vender as ações da empresa – temerosos com a possibilidade de uma contaminação pelo que ficou chamado de risco X. "Se em algumas vezes ter o nome associado a Eike ajuda, em outras isso atrapalha", confessou Sami Haddad, diretor de relações com investidores da empresa. O executivo afirma que recebia ligações de muitos pequenos investidores perguntando se Eike venderia as ações para conseguir continuar pagando as dívidas que tinha – enquanto outros não ligavam, vendiam os papéis na Bovespa antes de perguntar a Haddad. "Infelizmente, tudo que tem Eike Batista no meio passou por uma turbulência", afirmou o executivo, lembrando que a falta de liquidez das ações da IdeiasNet na Bovespa significava que ela não aguentaria uma enxurrada de vendas assim sem experimentar uma queda agressiva.

A história de investimento de Eike na IdeiasNet acabou na sexta-feira, 4 de outubro de 2013, quando ele, finalmente, vendeu as ações que tinha da empresa para honrar o pagamento de dívidas, em linha com as expectativas dos minoritários. Curiosamente, as ações da companhia subiram 6% depois do anúncio de que Eike venderia as ações, um claro alívio pela saída do megaempresário da estrutura de capital da empresa – e tiveram bons pregões seguintes. O megaempresário focava a solução da crise e levantava algum capital para lhe dar sobrevida. Pena que a quantia arrecadada foi pequena: quando Eike optou pela venda, o valor de sua participação na empresa tinha recuado 80% – muito disso por conta da associação com seu nome. O megaempresário arrecadou "apenas" R$ 33,1 milhões com a fatia que havia comprado cinco anos antes[63]. Era um passo, porém, na diversificação de seu inchado portfólio.

A vida fora da Bolsa: de minério, petróleo a... Neymar! Eike diversificou demais?

Neymar é um talento raro do futebol. O craque já foi eleito o melhor jogador da América do Sul e se tornou a grande esperança brasileira

---
63 Fonte: BM&FBovespa, comunicado IdeiasNet.

para a Copa de 2014, um peso gigantesco. Poucos duvidaram que o atacante pudesse se tornar um dos melhores do mundo. Eike Batista certamente não duvidou. Ele é dono da IMX, uma das duas agências que buscam patrocínios para o jovem jogador. Isso já basta para mostrar quanto Eike havia diversificado seus investimentos fora da Bolsa de Valores. E pode ter exagerado na diversificação – topando tantos negócios e tão divergentes que fazem o mercado duvidar de que ele realmente tenha tempo para se dedicar a algum deles. Além de Neymar, Eike também é responsável pelo *Cirque du Soleil* no Brasil, chegou a ser sócio do *Rock in Rio*, organiza as lutas do UFC em território nacional e é um dos membros do consórcio que opera o Estádio do Maracanã, no Rio de Janeiro, todos pela IMX. Possuía um iate em que dava eventos, o Pink Fleet – depois vendido como sucata – e uma frota de seis aeronaves, todas vendidas ou postas à venda no último trimestre de 2013. Eike tem também um braço imobiliário, a REX, e uma empresa de semicondutores, a SIX. Foi dono do Hotel Glória no Rio de Janeiro e tentou tocar a reestruturação da Marina da Glória, até ter de vender o hotel e ter a concessão retirada. Eike também tem um restaurante chinês de relativo sucesso no Rio de Janeiro, o Mr. Lam, e abriu um negócio de cosméticos com sua ex-esposa, Luma de Oliveira, a Clarity – vendido em 2002, pouco antes de sua separação. A namorada, Flávia Sampaio, recebeu uma clínica de beleza, a Beaux, que fechou em janeiro de 2013. Tentou montar um centro cirúrgico no Rio de Janeiro, o MDX, mas o projeto acabou virando apenas um punhado de consultórios independentes. Havia também uma *joint-venture* com uma empresa britânica de petróleo – a BP – para vender combustível marinho, a NFX Combustíveis Marinhos. E isso sem falar do patrocínio a um clube de vôlei do Rio de Janeiro, o RJ, que passou a se chamar RJX, e conquistou a Superliga de 2012/2013. Quando se olha o passado, vê-se que a lista de empreendimentos de Eike é enorme. No mercado, era costume dizer, antes de ele se tornar o homem mais rico do Brasil, que de cada dez negócios que abria, apenas três teriam sucesso.

A fama de grande empresário e aventureiro rendeu-lhe enormes especulações sobre seu nome na época da bonança – qual passo tomaria em seguida, em que novo ramo Eike tentaria entrar. Por muito tempo, especulou-se, pelo que o empresário falava, que ele compraria o SBT, canal de televisão de Silvio Santos – que passou por grandes problemas nos últimos anos, principalmente por conta do caso de fraude no banco do grupo, o Panamericano. Eike chegou a brincar com a possibilidade de ter uma emissora de televisão, afirmando que, se comprasse o SBT, o transformaria em uma fábrica de boas notícias – cansado da velha mídia, que só propaga desastre.

Com isso, muito se falou que Eike seria apenas um especulador – mais preocupado em lançar mil projetos do que com o legado que ele deixaria para a posterioridade. Mas seria o megaempresário um especulador mais preocupado com seus ganhos mesmo do que com as suas empresas e sócios? "Acredito que sim, pois uma das características do especulador é justamente não se apegar às empresas", avalia Juliano Carneiro, especulador profissional e professor autônomo de análise técnica – uma tradicional forma de especular sobre o comportamento das ações. Eike, ao longo de sua história, chegou a ter várias empresas, que foram vendidas "no auge" – a Geoplan, vendida à Enron, é um grande exemplo disso. Isso sempre alimentou a ideia de que ele era basicamente um empresário especulador, mais preocupado com seus ganhos financeiros do que com o legado que deixaria através de suas empresas – sem, por exemplo, ser guiado por um ideal de ajudar pessoas, como muitas empresas dizem ter. "Enquanto ele não entregar tudo que promete e dar lucros aos acionistas, continuará sendo somente um lançador de ações", avalia Carneiro. Somente quando conseguir entregar os resultados prometidos é que Eike deixará de ser um vendedor de sonhos ou formulador de "planos de negócio".

Nome sujo no mercado: a Vinci Partners, que nega o interesse

Talvez nenhuma história mostre quanto o nome de Eike Batista ficou sujo no mercado quanto a notícia de que a Vinci Partners estaria interessada em adquirir uma fatia da OGX. Em outubro de

2013, o Portal InfoMoney publicou uma matéria afirmando que a gestora, fundada por Gilberto Sayão, ex-parceiro do BTG Pactual, estaria prestes a adquirir uma fatia e o controle da empresa de Eike em uma operação que envolveria o aporte de US$ 220 milhões e a emissão de novas ações. A fonte era alguém próximo ao Grupo EBX e à própria Vinci, que não quis se identificar – mas garantia que a gestora estava bem satisfeita com o acordo, prestes a ser fechado, afirmando que estava levando a petrolífera a "preço de banana".

As ações haviam disparado 48% na véspera, sem motivo algum, e o acordo parecia ser a resposta – dado que algum *insider* estivesse comprando a ação no dia anterior. A OGX, a princípio, negou a negociação. Mas a Vinci fez muito mais forte: emitiu uma nota oficial afirmando que negava cabalmente qualquer interesse em investir na empresa. O interesse de negar com veemência tinha um motivo: o telefone da Vinci não parava de tocar. Eram ligações de clientes que ameaçavam tirar o seu dinheiro da gestora se eles investissem na petrolífera de Eike, de acordo com o jornalista Lauro Jardim, da revista *Veja*. Havia a percepção de que aquele ativo não era para ser tocado.

Surgiu uma teoria, veiculada pela casa de análise Empiricus[64] – que ganhou fama por recomendar as ações da OGX e da HRT por anos –, de que isso seria uma tentativa de manipular o mercado, graças à forte participação da empresa no Ibovespa e à forte volatilidade das ações. Mas essa teoria se provou insustentável. Dois dias depois, a OGX confirmou que estava em negociação com vários investidores e que um deles era, de fato, a Vinci Partners, mas não deu nenhum detalhe sobre as negociações[65].

Pega no contrapé, a Vinci teve que admitir que havia conversado com a OGX, mas não deu o braço a torcer – possivelmente para não desagradar os investidores que confiavam na gestora e haviam reclamado quando acharam que a OGX seria adquirida pela empresa. Afirmou, em nota oficial, que pela natureza de seus negócios era esperado que a Vinci "mantivesse contato com todo o

---

64 Fonte: Blog da Exame.com
65 Fonte: Comunicado da empresa.

espectro corporativo brasileiro", mas que a conversa com a OGX "nem sequer se aproximou de algo que possa ser interpretado como uma negociação". A Vinci ter sido tão incisiva denunciava que não pegava bem ser pego negociando uma fatia expressiva da petrolífera de Eike Batista.

Os erros do passado... a TVX

Se o mercado embarcou nos sonhos de dinheiro fácil juntamente com Eike, é porque em algum momento esqueceu-se de que as coisas poderiam dar errado para o megaempresário. Em sua biografia, Eike fala como se tivesse tido um passado glorioso, cheio de glórias na TVX Gold, empresa de mineração de ouro da qual se tornou o maior acionista, controlador e presidente durante os anos 1980 e 1990. Na verdade, a história foi menos rosada do que isso: no mercado de capitais Eike viveu um período de euforia e um período de depressão à frente da empresa. Listada nas Bolsas do Canadá e dos Estados Unidos, a empresa basicamente passou pela mesma narrativa que se reproduziria anos depois na Bovespa – inclusive com grandes captações para realizar projetos que acabaram não saindo do papel.

O sucesso inicial da TVX não pode ser negado: ela chegou a ser uma das dez maiores empresas de mineração de ouro do mundo, mas foi vendida por apenas uma fração do que chegou a valer na Bolsa um dia. No Brasil, esse caso não teve uma grande cobertura midiática, justamente pelo fato de a TVX ser uma empresa canadense. O país norte-americano é famoso pela pujança de seu mercado de capitais, principalmente para financiar empresas de extração de *commodities* – ramo que Eike escolheu para ser sua especialidade. São mais de 4.000 empresas listadas por lá, mais de dez vezes o número do Brasil.

Se a mídia não acompanhou por aqui, vários bancos internacionais o fizeram – e optaram por ficar fora do fenômeno Eike justamente por isso. O que aconteceu com a TVX serviu de exemplo para todas as empresas de Eike. Os problemas começaram em 1995, quando

Eike anunciou um plano de expansão que prometia tornar a empresa uma das seis maiores mineradoras do continente americano em quatro anos – ao custo de US$ 480 milhões de investimentos, na Europa, no Canadá, nos Estados Unidos, no Peru e no Equador. Com caixa de apenas US$ 120 milhões, era necessário acessar o mercado de capitais para levantar o restante, para financiar essa expansão. Eike chegou a sinalizar que era possível levantar mais de US$ 400 milhões com investidores, um terço do valor da companhia, graças à reputação da TVX – a mesma frase usada em sua biografia para tratar do Grupo EBX. Para ele, era possível que a empresa duplicasse de valor de mercado em apenas três anos com essa expansão.

O mercado tentou antecipar os investimentos e fez com que as ações triplicassem de valor em apenas um ano – baseado nos planos de expansão divulgados por Eike. John Ing, presidente da Maison Placements, empresa de análise do mercado de *commodities*, lembrou, em entrevista ao jornal *O Estado de S. Paulo*, que Eike produzia um encanto em seus ouvintes – o que os fazia investir enormes quantidades de dinheiro. "Ele é um vendedor nato: dizia aos investidores exatamente o que eles queriam ouvir", afirmou. Para ele, um dos motivos para que Eike tenha obtido sucesso era a fama de sua equipe: na TVX, Eike contava com o talento de Ian Telfer, considerado uma das maiores autoridades no mercado de ouro e, atualmente, presidente do Conselho Global do Ouro – uma entidade criada pelas mineradoras para discutir o mercado dessa *commodity*.

Nem mesmo Telfer conseguiu salvar a empresa dos problemas que viriam, como Mendonça e o *Dream Team* não salvaram a OGX. Assim como a petrolífera, a mineradora de ouro de Eike contou com um pouco de azar. Se a OGX teve problemas operacionais em Tubarão Azul, a TVX viu o preço do ouro despencar pelos cinco anos posteriores ao anúncio do plano de expansão. E, assim como a petrolífera havia apostado pesado em uma área do pós-sal na Bacia de Campos, que já havia sido parcialmente explorada pela Petrobras, a mineradora apostou pesado no complexo de Cassandra, na Grécia. Tanto as áreas da Bacia de Campos quanto a mina grega foram descritas como "achados" por Eike. E fracassaram. Cassandra estava localizada em uma região complicada, uma área de florestas nativas cercada por sítios arqueológicos. A população local protestou contra a presença da TVX no local, que nunca conseguiu produzir um único grama de ouro na mina. Cercada por esses problemas, a TVX, então, virou sinônimo de fracasso e má execução no Canadá – mas Eike destacou, em sua biografia, que ela havia sido um enorme sucesso. Foi bem-sucedida no desenvolvimento de seis grandes minas anteriores ao projeto de expansão, inclusive a mina de La Coipa, no deserto do Atacama, no Chile, considerada um prodígio pelas dificuldades logísticas, que incluem falta de água. Foram elas que ajudaram Eike a chegar ao ponto inicial de sua jornada na Bovespa, com US$ 1 bilhão – juntamente com o excelente negócio que fez ao comprar uma mina de ouro no Amapá por US$ 18 milhões e revender por US$ 161 milhões ao Grupo Goldcorp sete meses depois, talvez seu negócio mais lucrativo na história. Mesmo com um bom passado, a compra da TVX pela Kinross em 2011, outra mineradora de ouro, mostrou que aquele ativo não estava tão saudável quanto Eike tentou fazer parecer posteriormente: a compradora, que pagou cerca de US$ 880 milhões por uma empresa que chegou a valer quase US$ 4 bilhões, teve que abandonar praticamente todos os projetos que Eike havia iniciado nos últimos anos.

Os erros do passado... a JPX

Se a TVX teve pouca repercussão no Brasil, outros dois erros de Eike no passado foram bastante documentados pela mídia nacional: a sua empresa que fabricava automóveis, a JPX, e a de entregas, a EBX Express – que, curiosamente, levava o mesmo nome da *holding* que hoje concentra as empresas do megaempresário.

Talvez a história mais conhecida no Brasil seja a dessa primeira empresa – que foi fundada em 1992 e durou 10 anos, sendo oficialmente fechada em 2002. A ideia era aproveitar as sinergias com o ramo de mineração do grupo: produziam-se jipes aptos a essas atividades de mineração, que poderiam suprir o mercado nacional de veículos utilitários. Para isso, importou o modelo A-3 da fabricante francesa Auverland e montou uma fábrica na cidade de Pouso Alegre, em Minas Gerais, que passou a montar o automóvel em 1994. No início, os jipes, batizados de JPX Montez, chegaram a ser adotados pelo exército – garantindo um sucesso inicial para a empresa.

Eike, porém, foi novamente otimista demais. A instalação da fábrica era baseada numa estimativa que nunca se concretizou e a empresa nunca atingiu um nível de produção satisfatório – operando sempre muito abaixo da capacidade instalada –, que permitisse ter resultados financeiros positivos. Houve uma tentativa de exportar os veículos, mas fracassou. Junto com problemas técnicos e despreparo da rede de concessionárias, as atividades da fábrica cessaram em 1996. Voltaram em 1997, mas com um volume muito reduzido – que viria a ser encerrado definitivamente em 2001, um ano antes de ser declarada a "morte" da empresa. Porém, ele não desistiu do setor automobilístico: passou anos prometendo uma fábrica da montadora japonesa Nissan no Porto do Açu – o que nunca ocorreu – e, em plena crise, no mês de outubro de 2013, chegou a conversar com investidores sobre a possibilidade de construir uma fábrica de carros elétricos. Já sem credibilidade, esse projeto não vingou.

Ainda na virada do milênio – pouco antes do encerramento da JPX –, Eike se dedicava à EBX Express, uma empresa de entrega de produtos comprados via internet, criada em 1999 através da compra de cinco companhias regionais e que durou até setembro de 2003. A empresa tinha como diferencial um esquema de logística em que o trajeto da entrega era totalmente monitorado – algo inovador para a época em que foi planejada e que acabou se tornando padrão das empresas de entrega.

Eike, novamente, teve azar: enfrentou a crise das "pontocom" logo no ano 2000, que freou o ímpeto expansionista do comércio on-line no Brasil. Além disso, não conseguiu integrar o sistema de logística das cinco empresas que havia comprado e sofreu uma concorrência dos Correios que ele considerava desleal. "Os Correios têm vantagens fiscais que nós não tínhamos", justificou Eike, encerrando o seu último fracasso nacional antes de suas grandes aventuras na Bolsa.

Conclusão

Mesmo com tudo isso, a história de Eike Batista na Bolsa de Valores e na vida empresarial do Brasil ainda não chegou ao fim – o desmanche definitivo ainda pode tomar mais alguns anos. A fortuna que ele criou da noite para o dia e as perspectivas de riqueza, porém, se tornaram ínfimas. Em 2013, poucas pessoas bem informadas ainda acreditam que o final da história será aquele que foi por ele prometido alguns anos atrás: o que se compreendeu como o "fenômeno Eike" na Bovespa já foi enterrado – o sonho de ser o mais rico do mundo não existe mais e as empresas não devem se tornar os colossos que se esperava tão cedo.

Muitas lições podem ser tiradas desse meteoro que atingiu a Bovespa em 2006. Não há dúvida de que o que ocorreu com Eike é um processo de amadurecimento do mercado de capitais. O mercado de ações não morreu, mas deverá ficar mais atento: dificilmente dará tanta importância para empresas pré-operacionais, como foi o caso da OGX, que se tornou a terceira principal empresa do índice. De agora em diante, a tônica deve ser de cautela com movimentos "vazios" assim – já que, pelo menos nos próximos anos, o fracasso dos ativos de Eike permanecerá na cabeça dos investidores.

O mercado não vai parar e vai continuar faminto por bons projetos que gerem lucro e ganhos para os investidores – o Brasil voltará ao centro das atenções internacionais e as coisas voltarão ao normal. A Bovespa trabalha para recuperar sua credibilidade e, pela primeira vez em sessenta anos, muda a metodologia do Ibovespa para evitar que a história da OGX se repita com outros nomes.

Uma bolha centrada em uma única pessoa é menos provável agora – principalmente se a economia nacional continuar crescendo e amadurecendo, oferecendo alternativas para os investidores. O que aconteceu com Eike também deverá ser uma boa lição para que as entidades ligadas ao mercado de capitais, como a BM&FBovespa e as corretoras, invistam na educação dos investidores. Sempre existirão os investidores pouco instruídos – até nos Estados Unidos, onde o mercado de ações é muito mais desenvolvido –, mas o ideal é que as pessoas tenham como aprender o que fazer antes de embarcar em seus sonhos de riqueza e consigam escapar dos problemas. Foi por desconhecimento do que é a Bolsa de Valores que muitas pessoas perderam suas poupanças ao apostar em Eike Batista.

Haverá também questões a respeito da regulação ao mercado que deverão ser debatidas nos próximos anos, que só foram levantadas por causa do fenômeno Eike – que deverão também fortalecer o mercado brasileiro. Além disso, se houve má-fé ou não por parte de Eike, sobretudo nas partes mais obscuras da história (como as vendas de ações ou a promessa questionada de injeção de capital), cabe apenas a essas autoridades responsáveis julgar.

Se Eike afundou na Bovespa, é impossível decretar se as suas empresas foram ou não um fracasso em relação à economia real. Por um lado, queimou enormes quantias de dinheiro, por outro criou ativos que deverão fortalecer a economia nacional e que estão, quase todos, trocando de mãos para isso. Eike viu deficiências na economia brasileira com sucesso e conseguiu criar soluções para elas – só não conseguiu executá-las com perfeição. Por ora, seu nome deve permanecer em baixa no mercado de ações e ele provavelmente só conseguirá uma abertura de capital caso o que ele esteja vendendo seja um ativo concreto, com produção e com receitas. E, mesmo assim, levantará temores dos investidores que se lembrarem dos eventos traumáticos de 2012 e 2013.

Ele próprio já admitiu que essa lição será levada para casa, ao afirmar em carta aberta ao mercado que recorrer à Bolsa de Valores foi um erro – ele deveria ter buscado um tipo de investidor que investe em empresas de capital fechado, os chamados fundos *private equity*. Nos próximos anos, Eike deverá deixar de ser protagonista da Bovespa e trabalhar em silêncio, como era antes de 2006. As portas do mercado, que ele destacou estarem abertas para ele, deverão se fechar depois do que aconteceu. Mas não que ele precise delas para gerar novos projetos.

O megaempresário, assim como a grande maioria dos investidores que nele acreditaram, deverá agora tentar se recuperar e reaver sua fortuna. É uma longa caminhada, já que, depois de começar a jornada na Bovespa com US$ 1 bilhão, agora ele tem virtualmente quase nada. Mas dado o seu histórico, não seria surpreendente se milhares de novos projetos aparecessem com seu nome nos próximos anos. E alguns deles deverão, sim, ter sucesso – enriquecendo-o novamente. Com isso, não surpreenderá também se ele reassumir um posto entre os mais ricos do Brasil – o seu destino apenas o futuro poderá dizer.

É verdade que a aventura do vendedor de seguros na Bovespa termina em tragédia para muitas pessoas, tendo sido um baque para a BM&FBovespa. Mas é uma história típica de Bolsa de Valores – há inúmeras narrativas de sucesso, mas também existem as de fracasso – e deve ser compreendida como parte do risco que existe nesse ambiente. É uma história triste, como André Esteves do BTG Pactual pontuou, mas é parte do jogo que é a Bolsa de Valores. Talvez a melhor qualidade do mercado seja que nada é definitivo: a maioria das perdas com as empresas de Eike pode vir a ser recuperada pelos investidores no futuro. Basta aprender as lições que foram dadas.

facebook.com/MatrixEditora

A autora

Janaína Bastos é mestra e doutora em Educação pela USP. Graduada em Pedagogia e pós-graduada em Educação para as Relações Étnico-raciais. Orientou projetos de graduação, pós-graduação e extensão relacionados à área da educação, relações étnico-raciais e direitos humanos. Dedica-se há mais de uma década ao estudo do racismo e da branquitude brasileira, tendo entrevistas e artigos publicados sobre o tema.

MATRIX